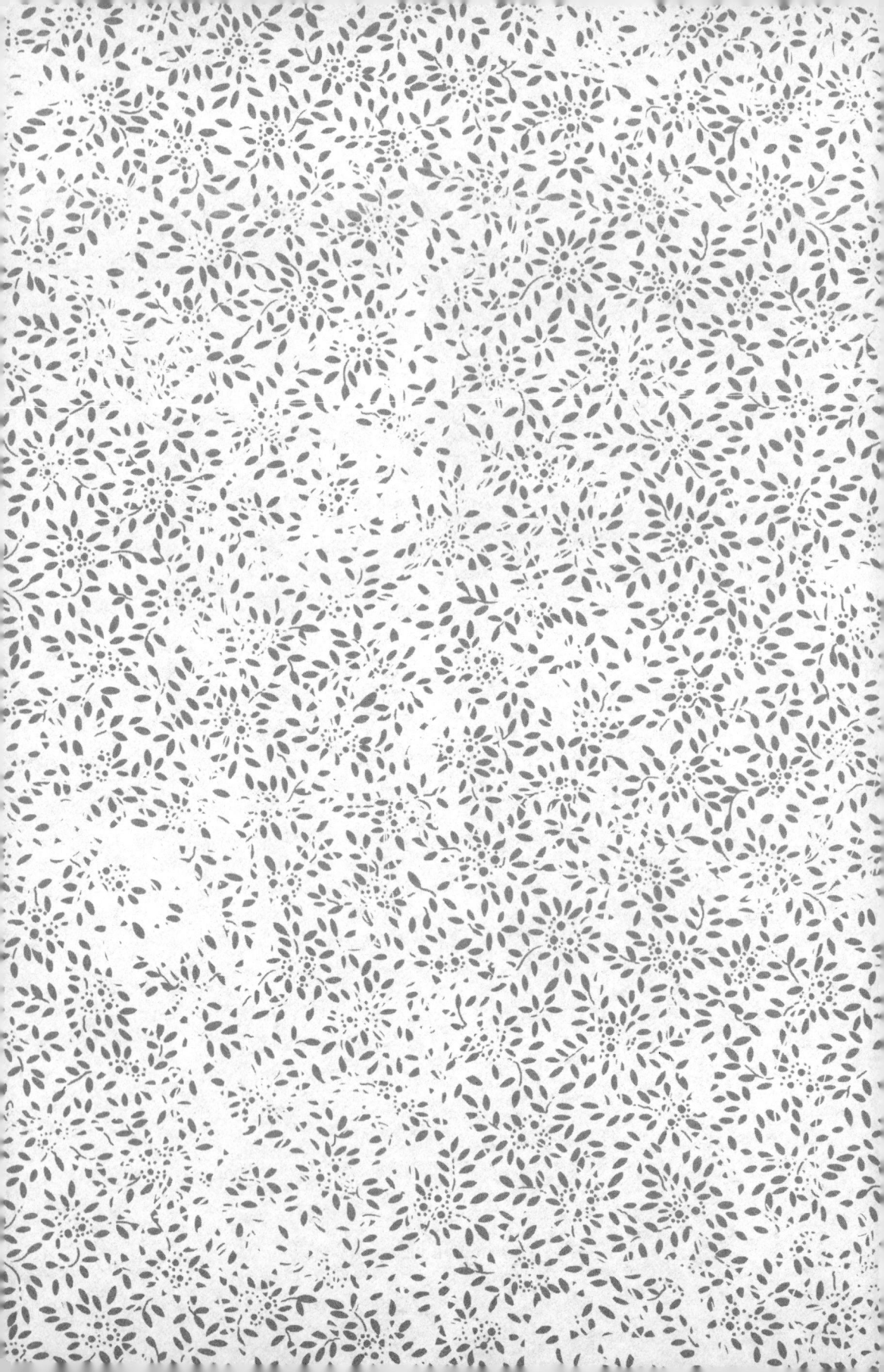

名言佳句小辞典

伍亦风 ⊙ 主编

天津出版传媒集团

天津科学技术出版社

图书在版编目（CIP）数据

名言佳句小辞典 / 伍亦风主编 . -- 天津 : 天津科学技术出版社, 2023.9（2023.12重印）
ISBN 978-7-5742-1554-2

Ⅰ.①名… Ⅱ.①伍… Ⅲ.①格言—汇编—世界 Ⅳ.① H033

中国国家版本馆 CIP 数据核字（2023）第 163156 号

名言佳句小辞典
MINGYAN JIAJU XIAO CIDIAN

| 策划编辑：杨　譞 |
| 责任编辑：宋佳霖 |
| 责任印制：兰　毅 |

出　　版：天津出版传媒集团
　　　　　天津科学技术出版社
地　　址：天津市西康路 35 号
邮　　编：300051
电　　话：（022）23332490
网　　址：www.tjkjcbs.com.cn
发　　行：新华书店经销
印　　刷：河北松源印刷有限公司

开本 720×1000　1/16　印张 19.5　字数 170 000
2023 年 12 月第 1 版第 2 次印刷
定价：58.00 元

前言
PREFACE

美国《时代》周刊特约评论员罗伯特·盖茨曾说："在所有的思想和智慧里面，最能让人为之心动，并能激发行动力量的就是名人名言，因为它们是人生经验与成败的浓缩。"美国哈佛大学教授皮鲁克斯也曾断言：名言是绝大多数人思想的摇篮，又是绝大多数人迈动双脚的动力。可以说，名言佳句是人类智慧宝库里的一份珍贵财富，是古今中外先哲们和无数有志之士的思想精华，是人类知识的积累，是民族智慧的提炼，所以它跨越国界，世代相传，给人启迪，让人深思，是我们人生旅途中的良师益友。

本书针对读者作文、言谈、论辩、演讲、修身等各方面的实际需要，从洋洋大观的众多名言佳句里精选出较为常用的部分，内容涉及为人、品行、心态、处世、治学、立业等主题，所选的名言佳句有的是人们一生恪守的座右铭，有的为名人毕生求证后留下的人生准则和经验，它既可以启迪生活智慧，使人领悟人生哲理，提高自身素质和修养，又可以在写作演讲中引用，以支持观点，增强说服力。本书精选的名言佳句种类齐全，分类科学、便捷实用，对于我们今天认识世界、修身立德、为人处世等具有重要的指导性意义，有的还可以对我们进行激励和鞭策，让我们在面对任何人生困境时都能找到心灵的指南针、北极星，突破人生困境，使我们能够找到开启智慧大门的钥匙，迈向成功的阶梯，步入卓越人生。

本书内容丰富多彩，囊括古今中外，不仅含有古今中外众多的名人名言，而且包括了各国家、各民族的谚语和从日常生活中提炼出来的名言佳句。每条名言佳句均为好中选优，既有为人处世方面的箴言，也有生活励志方面的良言；既有创业名言，也有治学警句。含义隽永，意义深刻。全书分类编排，体例科学，即查即用，是日常工作、生活、学习、写作的好帮手。

目录
CONTENTS

为人篇

修身	2	稳重	39
立志	10	个性	41
气度	19	意志	49
信仰	25	进取	54
谦虚	31	奉献	56

品行篇

品格	66	诚信	93
爱国	72	节俭	98
美德	78	勇敢	102
良心	84	善良	108
宽容	88	正直	113

心态篇

希望	118	信心	124

自尊	128	自省	138
理智	132	虚荣	142
乐观	135	嫉妒	146

处世篇

成功	152	逆境	176
失败	161	惜时	185
欲望	166	责任	191
机遇	169	处事	198

治学篇

求知	206	成长	242
读书	211	理想	245
学习	220	奋斗	254
思考	224	人才	259
方法	232	教育	263
习惯	237		

立业篇

事业	268	合作	289
目标	273	激情	293
坚持	280	才智	296
工作	285	行动	301

为人篇

修身

最困难的职业就是怎样为人。

——(古巴)何塞·马蒂

指责旁人没有教养的人,表明其本身同样缺乏教养。

——(古罗马)普鲁塔克

我们考虑自己何其多,考虑别人却何其少!

——(美)马克·吐温

在缺乏教养的人身上,勇敢就会成为粗暴,学识就会成为迂腐,机智就会成为逗趣,质朴会成为粗鲁,温厚就会成为谄媚。

——(英)约翰·洛克

教养就是习惯于从最美好的事物中得到满足,而且知道为什么。

——(美)范戴克

修养的本质如同人的性格,最终还是归结到道德情操这个问题上。

——(美)爱默生

要勇敢而不要暴躁,要服从而不要低声下气,要坚强而不要顽固,要谦逊而不要做作。

——(俄)苏沃洛夫

人的思想是可塑的。一个人如果每天观赏同一幅好画,阅读某部佳作中的一页,聆听一支妙曲,就会变成一个有文化修养的人。

——(英)罗斯金

为 人 篇

性情的修养，不是为了别人，而是为自己增强生活能力。

——（日）池田大作

当众窃窃私语是没有教养的表现。

——（西班牙）略萨

没有教养、没有学识、没有实践的人的心灵好比一块田地，这块田地即使天生肥沃，但倘若不经耕耘和播种，也是结不出果实来的。

——（德）格里美尔斯豪森

修养之于心地，其重要犹如食物之于身体。

——（古罗马）西塞罗

只有不够聪明的人才批评、指责和抱怨别人。但是，善解人意和宽恕他人，需要修养和自制的功夫。

——（美）卡耐基

一个人必须把他的全部力量用于努力改善自身，而不能把他的力量浪费在任何别的事情上。

——（俄）列夫·托尔斯泰

啊，有修养的人多快乐！甚至别人觉得是牺牲和痛苦的事，他也会感到满意、快乐；他的心随时都在欢跃，他有说不尽的欢乐。

——（俄）车尔尼雪夫斯基

虔诚不是目的，而是手段，是通过灵魂的最纯洁的宁静而达到最高修养的手段。

——（德）歌德

对别人述说自己，这是一种天性；因此，认真对待别人向你述说的他自己的事，这是一种教养。

——（德）歌德

许多思想是从一定的文化修养上产生出来的，就如同幼芽是长在绿枝上一样。

——（德）歌德

不要把痰吐在井里，哪天你口渴的时候，也要上井边来喝水的。

——（俄）克雷洛夫

不尊重别人的自尊心，就好像一颗经不住阳光的宝石。

——（瑞典）诺贝尔

如果不学好治理自己，就会陷入灭亡的深渊。

——（日）池田大作

要使人成为真正有教养的人，必须具备三个品质：渊博的知识、思维的习惯和高尚的情操。

——（俄）车尔尼雪夫斯基

一个人只要有耐心进行文化方面的修养，就绝不至于蛮横得不可教化。

——（古罗马）贺拉斯

有一种毫不做作的良好教养，每个人都能感觉到它，但只有那些天性善良的人们才实践着它。

——（英）切斯特菲尔德

有教养的人的遗产，比那些无知的人的财富更有价值。

——（古希腊）德谟克利特

形象是有教养的第二个太阳。

——（古希腊）赫拉克利特

文明就是要造就有修养的人。

——（英）罗斯金

为 人 篇

有些老人显得很可爱，因为他们的作风优雅而美。……而尽管有的年轻人具有美貌，却由于缺乏优美的修养而不配得到赞美。

——（英）培根

只有美貌而缺乏修养的人是不值得赞美的。

——（英）培根

读史使人明智，读诗使人聪慧，演算使人精密，哲理使人深刻，伦理学使人有修养，逻辑修辞使人善辩。

——（英）培根

要评判美，就要有一个有修养的心灵。

——（德）康德

审美的感官需要文化修养……借助修养才能了解美，发现美。

——（德）黑格尔

文化修养的目的在于增强和提高鉴赏那些最高尚、最深奥的事物的真和美的能力。如果通过修养达不到提高鉴赏力的目的，修养两字也就毫无意义了。

——（西班牙）波伊斯

一个生来就没人教养的人，他也许简直就不成样子。偏见、权威、需要、先例以及压在我们身上的一切都将扼杀他的天性。他的天性将像一株偶然生长在大路上的树苗，让行人碰来撞去，东弯西扭，不久就弄死了。

——（法）卢梭

夫君子之行，静以修身，俭以养德，非淡泊无以明志，非宁静无以致远。

——诸葛亮

人患不知其过，既知之不能改，是无勇也。

——韩愈

古之君子，其责己也重以周，其待人也轻以约。重以周，故不怠；轻以约，故人乐为善。

——韩愈

欲修其身者，先正其心；欲正其心者，先诚其意。

——韩愈

不修其身，虽君子而为小人；能修其身，虽小人而为君子。

——欧阳修

种树者必培其根，种德者必养其心。

——王守仁

知过非难，改过为难；言善非难，行善为难。

——陆贽

《大学》之修身、齐家、治国、平天下，基本只是正心、诚意而已。

——朱熹

思诚为修身之本，而明善又为思诚之本。

——朱熹

君子处其实，不处其华；治其内，不治其外。

——张居正

修身以不护短为第一长进。

——吕坤

修身处世，一诚之外更无余事。

——朱之瑜

为 人 篇

见人之过,得己之过;闻人之过,得己之过。

——杨万里

不可自暴、自弃、自屈。

——陆九渊

崇德效山,藏器学海;群居守口,独坐防心。

——金缨

涵养冲虚,便是身世学问;省除烦恼,何等心性安和。

——金缨

道生于安静,德生于卑退,福生于清俭,命生于和畅。

——金缨

宠利毋居人前,德业毋落人后;受享毋逾分外,修为毋减分中。

——洪应明

大怒不怒,大喜不喜,可以养心;靡俗不交,恶党不入,可以立身;小利不争,小忿不发,可以和众。

——傅昭

厚德可载物,拙诚可信人。

——傅昭

第一受用,胸中干净;第二受用,外来不动;第三受用,合家没病;第四受用,与物无竞。

——吕坤

源静则流清,本固则丰茂;内修则外理,形端则影直。

——魏子

有教养的人或受过理想教育的人,不一定是个博学的人,而是个知道何所爱何所恶的人。

———林语堂

心的陶冶，心的修养和锻炼是替美的发现和体验做准备。

———宗白华

清旷的襟怀和高远的想象力未必定须由对目而形成，把仰望的双眼移到地面，同样可以收到修养上的效益，而且更见切实。

———叶圣陶

以我们一般人而言，最简便的修养方法是读书。

———梁实秋

君子如水，随方就圆，无处不自在。

———证严法师

修行要系缘修心，借事练心，随处养心。

———证严法师

看别人不顺眼，是自己的修养不够。

———证严法师

心志要苦，意趣要乐，气度要宏，言动要谨。

———弘一法师

修己以清心为要，涉世以慎言为先。

———弘一法师

修养的花儿在寂静中开过去了，成功的果子便要在光明里结实。

———冰心

圣人不是如同蘑菇，经一阵雷雨之后，就能从山土里钻出来的，也不是可以经一班门徒或和一系一派一党的人，于短促的时间所能捧起来的。圣人纵有超凡脱俗的个性，有出众超群的天才，有勤勉刻苦的修养，有博古通今的学识，有富贵不能淫、贫贱不能移、威武不能屈的道德与精神，又须一些志同道合的信徒的辅佐与继成之力。

——宣永光

芝兰生于幽林，不以无人而不芳；君子修道立德，不以穷困而改节。

——范立本

博学切问，所以广知；高行微言，所以修身。

——黄石公

吾日三省吾身，为人谋而不忠乎？与朋友交而不信乎？传不习乎？

——《论语·学而》

见贤思齐焉，见不贤而自省也。

——《论语·里仁》

欲胜人者，必先自胜；欲论人者，必先自论；欲知人者，必先自知。

——《吕氏春秋》

君子不失足于人，不失色于人，不失口于人。

——《礼记》

人善我，我亦善之；人不善我，我亦善之。

——《韩诗外传》

记人之善，忘人之过。

——《三国志》

立志

我们是羽毛未丰的小鸟，从来不曾离巢远飞，也不知道家乡之外还有什么天地。平静安宁的生活，对于一位饱尝人世辛酸的老人家来说，或许会格外觉得满意；可是对于我们，它却是愚昧的暗室、卧榻上的旅行、不敢跨越一步的负债者的牢狱。

——（英）莎士比亚

从事一项事情，先要决定志向，志向决定之后就要全力以赴毫不犹豫地去实行。

——（美）富兰克林

立志是一件很重要的事情。工作随着志向走，成功随着工作来，这是一定的规律。立志、工作、成功，是人类活动的三大要素。立志是事业的大门，工作是登堂入室的旅程。这旅程的尽头有成功在等待着，庆祝你的努力。

——（法）巴斯德

我们的志愿就是我们的机会。

——（英）罗伯特·布朗宁

在阳光的深处，就是我最高的渴望。我不一定能触摸到它们，但是我可以寻找并且看到它们的美丽，信仰它们，并且依照它们所指引的方向前进。

——（美）露意莎·梅·奥尔科特

为 人 篇

壮志和热情是伟大的辅翼。

——（德）歌德

志向就像我登上钟楼那样，如果我下定决心攀登，毫不松懈，我就会直达楼顶。

——（德）歌德

最糟糕的是，人们在生活中经常受到错误志向的阻碍而不自知，真到摆脱了那些阻碍时才能明白过来。

——（德）歌德

使人伟大或渺小皆在其人之志。

——（德）席勒

如果人类不幸到目光只限于考虑当前，那么人就会不再播种，不再种植，人对什么也不准备了：从而在这尘世的享受中，人就会缺少一切。

——（法）伏尔泰

志向是天才的幼苗，经过热爱劳动的双手培育，在肥沃土地里将成长粗壮的大树。

——（苏联）苏霍姆林斯基

一个人是否有足够的"志气"，直接决定事情的成败。我们只要不放弃自己的愿望，不改变自己的初衷，在自己认为最适合的事情上面去求发展，自然就会有成功的一天。

——（法）罗曼·罗兰

每个人的生命中都有属于他自己的一份精华，我们要先了解自己，选定方向，认真去追求，那就叫立志。

——（法）罗曼·罗兰

人不论志气大小，只要尽力而为，矢志不渝，就一定能如愿以偿。

——（英）赫伯特

如果你志在最高处，那么即使滞留在第二高处甚至第三高处，也并不丢脸。

——（古罗马）西塞罗

朝着一定目标走去是"志"，一鼓作气中途绝不停止"气"，两者合起来就是"志气"。一切事业的成败都取决于此。

——（美）卡耐基

一个人如果胸无大志，即使再有壮丽的举动也称不上是伟人。

——（法）拉罗什福科

雄心壮志是茫茫黑夜中的北斗星。

——（英）罗·勃朗宁

感情有着极大的鼓舞力量，因此它是一切道德行为的重要前提，谁要是没有强烈的志向，也就不能够热烈地把这个志向体现于事业中。

——（俄）凯洛夫

儿童有无抱负，这无关紧要，可成年人则不可胸无大志。

——（美）乔·吉·霍兰

当大自然剥夺了人类用四肢爬行的能力时，又给了他一根拐杖，这就是志向！

——（苏联）高尔基

为了在教学上取得预想的结果，单是指导学生的脑力活动是不够的，还必须在他身上树立起掌握知识的志向，即创造学习的诱因。

——（苏联）赞科夫

为　人　篇

志气这东西是能传染的，你能感染你所处环境中的精神。那些在你周围不断向上奋发的人的胜利，会鼓励激发你作更艰苦的奋斗，以求达到像他们所做的样子。

——（美）斯蒂文

不要灰心，不要绝望，对一切都要乐观，需要有决心——这是最要紧的，有了决心一切困难的事都会变得容易。

——（俄）果戈理

志不强者智不达，言不信者行不果。

——墨子

人若无志，与禽兽同类。

——孟子

恢宏志士之气，不宜妄自菲薄。

——诸葛亮

故立志者，为学之心也；为学者，立志之事也。

——王阳明

书不记，熟读可记；义不精，细思可精。惟有志不立，直是无着力处。

——朱熹

志之难也，不在胜人，在自胜。

——韩非

执志不绝群，则不能臻成功铭弘勋。

——葛洪

丈夫志四海，万里犹比邻。

——曹植

燕雀戏藩柴，安识鸿鹄游。

——曹植

丈夫志四海，我愿不知老。

——陶渊明

大鹏一日同风起，扶摇直上九万里。

——李白

骐骥筋力成，意在万里外。

——范传正

穷且益坚，不坠青云之志。

——王勃

身可辱，而志不可夺。

——王勃

怜君头早白，其志竟不衰。

——白居易

浩荡入溟阔，志泰心超然。

——白居易

慷慨丈夫志，可以耀锋芒。

——孟郊

宜守不移之志，以成可大之功。

——苏轼

古之立大志者，不惟有超世之才，亦必有坚忍不拔之志。

——苏轼

志小则易足，易足则无由进。

——张载

为 人 篇

志高则言洁，志大则辞宏，志远则旨永。

——叶燮

君子志于择天下。

——刘炎

志犹学海，业比登山。

——王通

志以成道，言以宣志。

——王通

立志不坚，终不济事。

——朱熹

志比精金，心如坚石。

——冯梦龙

志在林泉，胸怀廊庙。

——琮琼

不为穷变节，不为贱移志。

——桓宽

丈夫志不大，何以佐乾坤？

——邵谒

益重青青志，风霜恒不渝。

——李隆基

男儿出门志，不独为谋身。

——杜荀鹤

虎瘦雄心在，人贫志气存。

——万松老人

宁可清贫有志,不可浊富多忧。

——释道远

处逸乐而欲不放,居贫苦而志不倦。

——王充

志须预定自道远,世事岂得终无成?

——徐谦

志不真则心不热,心不热则功不紧。

——颜元

白首壮心驯大海,青春浩气走千山。

——林伯渠

居不隐者,思不远也;身不危者,志不广也。

——刘昼

身如逆流船,心比铁石坚。望父全儿志,至死不怕难。

——李时珍

未有不立志之人,便能做得事业。

——戚继光

人须立志,志立则功就。天下古今之人,未有无志而建功。

——朱棣

世界无难事,只畏有心人。有心之人,即立志之坚者也,志坚则不畏事之不成。

——任弼时

立志在坚不在锐,成功在久不在速。

——张孝祥

为 人 篇

水激石则鸣，人激志则宏。

——秋瑾

志气太大，理想过高，遇到事实，结果自然是失望烦闷；志气太小，因循苟且，麻木消沉，结果就必至于堕落。

——朱光潜

有志不在年高，无志空活百岁。

——石玉昆

不可居心发财，想做大官；要立志牺牲，想做大事。
坚其志，苦其心，劳其力，事无大小，必有所成。

——曾国藩

男儿志兮天下事，但有进兮不有止，言志已酬便无志。

——梁启超

昂昂独负青云志，下看金玉不如泥。

——李渤

把意念沉潜得下，何理不可得；把志气奋发得起，何事不可为。

——金缨

不让古人，是谓有志；不让今人，是谓无量。

——金缨

苍龙日暮还行雨，老树春深更著花。

——顾炎武

但持铁石同坚志，即有金刚不坏身。

——吕坤

得志万罪消，失志百丑生。

——李觏

人生就如浮在水面上的泡沫一般，大多数人就这样轻浮地过了一生。那些人并非缺乏力量，而是没有立定一个人生目标。

——林信彦

眼睛可以近视，目光不能短浅。

——胡磊

君子立恒志，小人恒立志。

——证严法师

不降其志，不辱其身。

——《论语·微子》

三军可夺帅，匹夫不可夺志也。

——《论语·子罕》

士志于道，而耻恶衣恶食者，未足与议也。

——《论语·里仁》

士不可以不弘毅，任重而道远。

——《论语·秦伯》

志之所趋，无远弗届；穷山距海，不能限也。志之所向，无坚不入；锐兵精甲，不能御也。

——《格言联璧》

唯君子为能通天下之志。

——《周易·系辞下》

气度

我的风度是贵族的,但我的行为是民主的。

——(法)雨果

天地专为胸襟开豁的人们提供了无穷无尽的赏心乐事,让他们尽情受用,而对于心胸狭窄的人们则加以拒绝。

——(法)雨果

不管怎样的事情,都请安静地愉快吧!这是人生。我们要依样地接受人生,勇敢地、大胆地,而且永远地微笑着。

——(波兰)卢森堡

我只知道,假如我去爱人生,那人生一定也会爱我。

——(波兰)阿鲁道夫·鲁宾斯坦

当一切似乎都不顺利的时候,请记住——飞机是逆风而起的,而不是顺风而起。

——(美)亨利·福特

一种对待他人的大方豁达态度不仅能给他人带来快乐,也是持这一态度的人获取快乐的巨大源泉,因为它使他受到普遍的喜爱和欢迎。

——(英)罗素

富贵不能淫,贫贱不能移,威武不能屈。

——孟子

生，我所欲也；义，亦我所欲也。二者不可得兼，舍生而取义也。

——孟子

吾不能变心而从俗兮，固将愁苦而终穷。

——屈原

保初节易，保晚节难。

——朱熹

一身轻似叶，所重全名节。

——李玉

不为穷变节，不为贱易志。

——桓宽

出淤泥而不染，濯清涟而不妖。

——周敦颐

三生不改冰霜操，万死常留社稷身。

——于谦

名节重泰山，利欲轻鸿毛。

——于谦

丈夫溅血寻常事，留得人间姓氏香。

——杨仲年

月缺不改光，剑折不改刚。

——梅尧臣

千年成败俱尘土，消得人间说丈夫。

——文天祥

生当作人杰，死亦为鬼雄。

——李清照

为 人 篇

操与霜雪明，量与江海宽。

——常建

处高心不有，临节自为名。

——张说

大海从鱼跃，长空任鸟飞。

——玄览

大事难事看担当，逆境顺境看襟度；临喜临怒看涵养，群行群止看识见。

——金缨

度量如海涵春育，应接如流水行云。

——金缨

地之秽者多生物，水之清者常无鱼。

——洪应明

肝肠煦若春风，气骨清如秋水。

——陈继儒

伟大的心胸，应该表现这样的气概——用笑脸来迎接悲惨的厄运，用百倍的勇气来应付一切的不幸。

——鲁迅

歌几回时笑几回，人生全要自开怀。

——石成金

海纳百川，有容乃大；壁立千仞，无欲则刚。

——林则徐

气为心害，养心当先制气。

——曾国藩

多读一些书，让自己多有一点自信，加上你因了解人情世故而产生的一种对人对物的爱与宽恕的涵养。那时，你自然就会有一种从容不迫，雍容高雅的风度。

——罗兰

风度的自然神韵，是灵肉一致的全息摄影。它鲜明，丰满，辐射着温热，发散着柔情。

——金马

风度表现着一个人的文化教养，是一个人审美观念和精神世界凝成的晶体。

——金马

没有一种绰约动人，真实可感的风度之美，可以不借助自然之美的营养。

——金马

襟怀纳百川，志越万仞山。目极千年事，心地一平原。

——柳青

美是一朵鲜艳的花，风度是一棵常青的树；时间是美的敌人，却是风度的朋友。

——汪国真

屋宽不如心宽。

——证严法师

为人处事要小心细心，但不要"小心眼"。

——证严法师

太阳光大，父母恩大，君子量大，小人气大。

——证严法师

为 人 篇

一个人的快乐,不是因为他拥有得多,而是因为他计较的少。

——证严法师

"沧浪之水清兮,可以灌我缨;沧浪之水浊兮,可以濯我足。"清凉的也好,混浊的也好,清凉的洗涤了我在红尘中灰尘满布的心灵;混浊的琢磨了我那些粗糙的砂粒,使那内在的钻石发出光芒!

——林清玄

我们做人要学习吃亏、包容,常以慈悲布施之心待人,对于所拥有的一切,能知足、感恩,常想"我能给别人什么",自然能够胸怀大众,心中常乐。

——星云大师

成大事功,全仗着秤心斗胆;有真气节,才算得铁面铜头。

——王永彬

我微笑地看待生活,于是,生活也对我呈现出一个微笑。

——刘心武

达观产生宽宏的怀抱,能使人带着温和的讥评心理度过一生,丢开功名利禄,乐天知命地过生活。

——林语堂

人生有时颇感寂寞,或遇到危难之境,人之心灵,却能发出妙用,一笑置之,于是又轻松下来。这是好的,也可以看出人之度量。

——林语堂

没有绝望的处境,只有对处境绝望的人。

——张建勇

在泪水中浸泡过的微笑最灿烂,从迷惘中走出来的灵魂最清醒。

——杨本晓

抗命不可能，顺命太清闲，遵命得认真，唯有乐命，乐命最是自由自在。今日的事情，尽心尽意、尽力去做了，无论成绩如何，都应该高高兴兴地上床恬睡。

——三毛

一个太能算计的人，通常也是一个事事计较的人。无论他表面上多么大方，内心深处都不会坦然。而一个经常失去平静的人，一般都会引起较严重的焦虑症。一个常处在焦虑状态中的人，不但谈不上快乐，甚至是痛苦的。

——星竹

潇洒就是潇洒，毫不矫饰，毫不做作。虽然明明知道自己吃亏；虽然明明知道这一切太平凡太平淡，却依然要按照自己的活法生活。

——赵冬

潇洒和豁达是人生很重要的一种态度。要知道这个世界上有两个东西不会变：第一是世界运行规律不变，日出、日落是恒久的；第二就是人性不会变，人性中的自私、贪婪不会变，但是同情心和良心也不会变。

——俞敏洪

大着肚皮容物，立定脚跟做人。

——弘一法师

志士仁人，无求生以害仁，有杀身以成仁。

——《论语·卫灵公》

与其忍耻贪生，遗臭万年，何如含笑就死，流芳百世。

——《镜花缘》

但有绿杨堪系马，处处有路通长安。

——《增广贤文》

信仰

信仰是伟大的情感，一种创造力量。

——（苏联）高尔基

我们若凭信仰而战斗，就有双重的武装。

——（古希腊）柏拉图

信念的力量是神奇的，它可以使千千万万的老弱信徒和衰弱的年轻人毫不迟疑，毫无怨言地从事那种艰苦不堪的长途跋涉，毫不懊悔地忍受因此而来的痛苦。

——（美）马克·吐温

信仰是人类赖以生存的众多力量之一，若是没有它，便意味着崩溃。

——（美）威廉·詹姆士

所谓信念就是根据自我暗示，在潜在意识中被宣布或反复指点所产生的一种精神状态。

——（法）拿破仑

信仰，是人们所必需的，什么也不信的人不会有幸福。

——（法）雨果

信仰是克服惊慌的光明，是可以救护全体船员的小艇！

——（法）雨果

信仰绝不是知识，而是使知识有效的意志决断。

——（德）费希特

信仰会是而且会永远是人类最后的希望之锚,人类即使达到了最高的尘世幸福,这个信仰也是不能缺少的。

——(德)威廉·魏特林

思想会有反复,信念坚定不移。

——(德)歌德

每人都有足够的余力去实现自己的信念。

——(德)歌德

信仰和信念,在得意时能使人明智而坚定,失意时能给人无上的安慰,使人产生美好的希望。

——(德)歌德

信念只有在积极的行动之中才能够生存,才能够得到加强和磨砺。

——(苏联)苏霍姆林斯基

信念是凭着你的思想形成的。

——(苏联)费定

信念是由一种愿望产生的,因为愿意相信才会相信,希望相信才相信,有一种利益所在才会相信。

——(瑞典)斯特林堡

要有信仰,所以我不怎么痛苦,我一想到自己的使命,就不怕生活了。

——(俄)契诃夫

我觉得人都应有信仰,或者都应当去追求信仰,不然,他的生活就空洞了。

——(俄)契诃夫

如果信念的热力不能使心灵感到温暖,那还谈得上什么幸福。

——(俄)冈察洛夫

为 人 篇

在荆棘道路上，唯有信念和忍耐才能开辟出康庄大道。

——（日）松下幸之助

信仰不是逢场作戏，不是作为形式上的信仰，而是生平一贯地作为精神支柱的信仰。

——（日）池田大作

依靠生命之宝——信仰，就能不知不觉地合上宇宙生命运行的节奏，切实体验到"冬天过后必定是春天"。

——（日）池田大作

信念是储备品，行路人在破晓时带着它登程，但愿他在日暮以前足够使用。

——（俄）柯罗连科

信仰，狂热的信仰，一旦和可爱的谬误紧密结合，便会顽固到底。

——（英）托·穆尔

最可怕的敌人，就是没有坚强的信念。

——（法）罗曼·罗兰

居于一切力量之首的，成为所有一切的源泉的是信仰。而要生活下去就必须有信仰。

——（法）罗曼·罗兰

一个人的信仰或许可以被查明，但不是从他的信条中，而是从他惯常行为所遵循的原则中。

——（英）萧伯纳

一桩奇迹或者，一项非凡事业要想获得成功，一个人对奇迹本身的信念往往是占第一位的前提。

——（奥地利）茨威格

不要害怕生活，坚信生活的确值得去生活，那么你的信念就会有助于创造这个事实。

——（美）威廉·詹姆斯

勇敢和必胜的信念常使战斗得以胜利结束。

——（德）恩格斯

信仰坚定的人是一刻也不会迷失方向的，他的灵魂将冲破炼狱的烈焰，直奔天堂极乐世界。

——（挪威）温塞特

如果一个人有足够的信念，那么他就能创造奇迹。

——（挪威）温塞特

没有信仰，则没有名副其实的品行和生命；没有信仰，则没有名副其实的国土。

——（美）惠特曼

没有任何东西可以削弱或摧毁我心中美好的信念。

——（英）哈代

信仰是辉煌的光，照遍周围也引导着人自身。

——（法）帕斯卡

信仰与迷信不同。维护信仰到了迷信的程度，相反却使信仰毁灭。

——（法）帕斯卡

我相信，信仰是我们一切思想的先进者，否定信仰，即等于反对我们一切创造力的精神源泉。

——（英）卓别林

信念是鸟，它在黎明仍然黑暗之际，感觉到了光明，唱出了歌。

——（印度）泰戈尔

为 人 篇

信仰，是事业的千斤顶，失去了它，就失去了人生前进的精神支柱。

——（意大利）亚米契斯

再没有比信仰更强大的力量了，它森严可畏而又不可战胜，像澎湃汹涌瞬息万变的大海中的出于鬼斧神工的一座巨岩一样。

——（俄）果戈理

我们所要做的事情在很大程度上取决于对它的信念。在一切与一个人本能最起码的需要无关的事情当中，我们的信念就是我们的行为准则。

——（法）卢梭

宁肯孑然而自豪地独守信念，也莫不辨是非地随波逐流。

——（英）丘吉尔

信念，你拿它没办法，但是没有它你什么也做不成。

——（英）巴特勒

强烈的信仰会赢取坚强的人，然后又使他们更坚强。

——（英）贝基霍

人有没有信念并非取决于铁链或任何其他外在的压力。

——（英）卡莱尔

或许人们可以说知识是必需的，但是要做出明智的决定，仅有知识还不行，在某种程度上要依靠信念。

——（美）R.L.桑代克

随着信念的指示做事情，事无论大小，在我都会感到喜悦。

——巴金

人，只要有一种信念，有所追求，什么艰苦都能忍受，什么环境也都能适应。

——丁玲

宁肯折断骨头，不能放弃信念。

——谚语

放弃信念，尤异死亡。

——谚语

人有了坚定的信念才是不可战胜的。

——谚语

信念是心灵的良知。

——谚语

只有信念使快乐真实。

——谚语

只要月亮追随着太阳，即使缺了，它还是会圆起来的。

——谚语

不能把希望叫作白日做梦，也不能把白日之梦叫作希望。

——谚语

谦虚

当我们大为谦卑的时候，便是我们最近于伟大的时候。

——（印度）泰戈尔

一种美德的幼芽、蓓蕾，这是最宝贵的美德，是一切道德之母，这就是谦逊；有了这种美德我们会其乐无穷。

——（西班牙）加尔多斯

成功的第一个条件是真正的虚心，对自己的一切敝帚自珍的成见，只要看出同真理冲突，都愿意放弃。

——（英）斯宾塞

自负对人和艺术是一种毁灭。骄傲是可怕的不幸。

——（保加利亚）季米特洛夫

我们各种习气中再没有一种像骄傲那么难克服的了。虽极力藏匿它，克服它，消灭它，但无论如何，它在不知不觉之间，仍旧显露。

——（美）富兰克林

对上司谦逊，是一种责任；对同事谦逊，是一种素养；对部属谦逊，是一种尊荣。

——（美）富兰克林

一个人如果把从别人那里学来的东西算作自己的发现，这也很接近于虚骄。

——（德）黑格尔

一切真正的和伟大的东西，都是纯朴而谦逊的。

——（俄）别林斯基

我们的骄傲多半是基于我们的无知！

——（德）莱辛

卑鄙和高傲的动机只会满足愚人、武夫、人类的侵略者和掠夺者的贪欲，人们应当放弃这种动机，不要让这些诱人的饮料再麻醉那些自命不凡之徒！

——（法）圣西门

蠢材妄自尊大，他自鸣得意的，正好是受人讥笑奚落的短处，而且往往把应该引为奇耻大辱的事，大吹大擂。

——（苏联）克雷洛夫

绝不要陷于骄傲。因为一骄傲，你们就会在应该同意的场合固执起来；因为一骄傲，你们就会拒绝别人的忠告和友谊的帮助；因为一骄傲，你们就会丧失客观标准。

——（俄）巴甫洛夫

不管我们的成绩有多么大，我们仍然应该清醒地估计敌人的力量，提高警惕，决不容许在自己的队伍中有骄傲自大、安然自得和疏忽大意的情绪。

——（苏联）斯大林

当你意识到自己是个谦虚的人的时候，你马上就已经不是个谦虚的人了。

——（俄）列夫·托尔斯泰

切勿出言不逊，一旦骄傲的言辞冲口而出，就不易把它们追回。

——（美）桑德堡

为 人 篇

把高傲伪装起来，并不就是谦虚。不如暴露自己某些不能克制的缺点，把它变成一种力量。

——（法）马丁·杜·加尔

一个发怒的人仅为一点小事而大发雷霆时，你就可以大胆肯定，这个人不是聪明而是骄傲。

——（德）格里美尔斯豪森

一个人过分的谦卑，就暗示着他的虚荣心特别强。

——（法）雨果

傲慢是一种得不到支持的尊严。

——（法）巴尔扎克

谦逊抑制着，它战胜着骄傲。但不要忘记，胜利感本身就蕴藏着自己的骄傲。

——（俄）屠格涅夫

如果说我看得远，那是因为我站在巨人们的肩上。

——（英）牛顿

感到自己渺小的时候，才是巨大收获的开头。

——（德）歌德

对骄傲的人不要谦逊，对谦逊的人不要骄傲。

——（美）杰弗逊

自夸聪明的人，有如囚犯夸耀其囚室宽敞。

——（法）西蒙

越自夸越显得在撒谎。

——（澳大利亚）琴·海尔曼

一个骄傲的人，结果总是在骄傲里毁灭了自己。他一味对镜自赏，自吹自擂，遇事只顾浮夸失实，到头来只是事事落空而已。

——（英）莎士比亚

要一个骄傲的人看清他自己的嘴脸，只有用别人的骄傲给他做镜子；倘若向他卑躬屈膝，不过添长了他的气焰，徒然自取其辱。

——（英）莎士比亚

人不该有高傲之心，高傲会开花，结成破灭之果。在收获的季节，会得到止不住的眼泪。

——（古希腊）埃斯库罗斯

世上再没有比骄傲自大更可怕的了，骄傲自大会毁灭英才和天才。

——（日）木树久一

骄傲的人必然嫉妒，他对于那最以德性受人称赞的人便最怀忌恨。

——（荷兰）斯宾诺莎

自卑虽是与骄傲反对，但实际却与骄傲最为接近。

——（荷兰）斯宾诺莎

我相信我们应该在一种理想主义中去寻找精神上的力量，这种理想主义既要能不使我们骄傲，又能使我们把希望和梦想放得很高。

——（波兰）居里夫人

显而易见，骄傲与谦卑是恰恰相反的，可是它们有同一个对象。这个对象就是自我。

——（英）休谟

谦和的态度，常会使别人难以拒绝你的要求，这也是一个人无往不胜的要诀。

——（日）松下幸之助

为 人 篇

　　长期的成功只是在我们时时心怀恐惧时才可能。不要骄傲地回首让我们取得过往成功的战略,而是要明察什么将导致我们未来的没落。这样我们才能集中精力于未来的挑战,让我们保持虚心学习的饥饿及足够的灵活。

——(美)帕米桑诺

　　如果有人自认为是专家,我们便认为有必要摆脱他,因为除非他真正了解他的工作,否则不会有人自认为是专家。一旦一个人进入专家式的思维状态,那么很多的事情就变得不可能了。

——(美)亨利·福特

　　我生怕承受不了自己的巨大成功,一再告诫自己不要让任何愚蠢的主意冲昏了头脑。

——(美)洛克菲勒

　　逊谢、退让、节制得宜的自谦,都不过是炫耀之术。

——(美)林肯

　　真正的学者就像田野上的麦穗。麦穗空瘪的时候,它总是长得很挺,高傲地昂着头;麦穗饱满而成熟的时候,它总是表现得温顺的样子,低垂着脑袋。

——(法)蒙田

　　傲慢的表情比傲慢的性格更坏,这是毫无疑问的。傲慢的性格只会偶尔伤害你,而傲慢的表情却会使你不断受到伤害。

——(法)狄德罗

　　傲慢、沉默的表情欺骗不了我们:这是胆怯的表情。

——(法)朱尔·勒纳尔

　　谦固美名,过谦者,宜防其诈。

——朱熹

尺有所短；寸有所长。物有所不足；智有所不明。

——屈原

不傲才以骄人，不以宠而作威。

——诸葛亮

傲不可长，欲不可纵，乐不可极，志不可满。

——魏徵

念高危，则思谦冲而自牧；惧满盈，则思江海下百川。

——魏徵

人生大病，只是一"傲"字。

——王阳明

为人第一谦虚好，学问茫茫无尽期。

——冯梦龙

无知是骄傲最肥沃的土壤。

——秦牧

自信与骄傲有异；自信者常沉着，而骄傲者常浮扬。

——梁启超

谦，美德也，过谦者怀诈；默，懿行也，过默者藏奸。

——弘一法师

钻研然而知不足，虚心是从知不足而来的。虚伪的谦虚，仅能博得庸俗的掌声，而不能求得真正的进步。

——华罗庚

骄傲自满是我们的一座可怕的陷阱，而且，这个陷阱是我们自己亲手挖掘的。

——老舍

为 人 篇

一个真熟悉自己的人，就没法不谦虚，谦虚使人的心缩小，像一个小石卵，虽然小，而极坚固。坚固才能老实。

——老舍

我们不能一有成绩，就像皮球一样，别人拍不得，轻轻一拍，就跳得老高。成绩越大，越要谦虚谨慎。

——王进喜

有智慧才能分辨善恶邪正；有谦虚才能建立美满人生。

——证严法师

傲当矫之以谦，肆当矫之以谨。

——金缨

谦虚与伟大是近邻。

——谚语

聪明的人自认一无所知，蠢家伙觉得无所不知。

——谚语

懂得自己无知，就是进步的开始。

——谚语

盛满水的瓶子摇不出声音来。

——谚语

弯下的树枝常常是结满了果实。

——谚语

珍珠藏在海底，腐肉浮在上面。

——谚语

一个成功者所知道的，除了勤奋，便是谦逊。

——谚语

大河是安静的，有学问的人是谦虚的。

——谚语

火要空心，人要虚心。

——谚语

稳重

人应当像"人"字一样,永远向上而又双脚踏地。
——(意大利)但丁

谨慎比大胆要有力量得多。
——(法)雨果

暴躁是一种虚怯的表现。
——(法)大仲马

越是身份低的人,操守越是要谨严,不然,正是自取其辱。
——(俄)屠格涅夫

唐突是一个铜子也不值得的。这是一种最廉价、最低级的奇特。
——(俄)屠格涅夫

在这种变化莫测的尘世上,遇事还是尽量把稳一点才好。
——(美)马克·吐温

人到了成熟之年,应能摆脱轻浮,锻炼出稳定的理智。不管幸与不幸,都能奋发有为。
——(法)罗曼·罗兰

无论做什么事情,都不要着急,不管发生什么事,都要冷静、沉着。
——(英)狄更斯

恒言平稳二字极可玩,盖天下之事,惟平则稳。行险亦有得的,终是不稳，故君子居易。

——曾国藩

觅物者苦求而不得，或视之而不见。他日无事于觅也，乃得之。非物有趋避，目眩急求也。天下之事，每得于从容，而失之急遽。

——曾国藩

大着肚皮容物，立定脚跟做人。

——金缨

一个人如果内心不浮躁，他外表自然就比较深沉，那些在外表上故作深沉的人，恰恰是些内心浮躁得不行的人。

——汪国真

无事如有事时警惕，有事如无事时镇定。

——申涵光

沉静立身，从容说话；不要轻薄，惹人笑骂。

——吕得胜

处事迟而不急，大器晚成；知机决而能藏，高才早发。

——陈希夷

一急之下，处处疏漏。或为达目的，不择手段。海阔天空，你急什么？

——吴淡如

心思要缜密，不可琐屑；操守要严明，不可激烈。

——洪应明

无事时戒一偷字，有事时戒一乱字。

——弘一法师

个性

莫浪费一秒钟的时间,去忧虑自己不像别人。你是这世界里唯一的,以前从没有任何人完全像你;以后的许多世纪,也不会有任何人完全像你。

——(美)卡耐基

人类如河流。水在任何河流里都一样,到任何地方都不变。但是河既有细流,也有急流,还有大河、静流,有清有浊,有冷有暖。人类正是如此。

——(俄)列夫·托尔斯泰

一个人的个性都有它自己的一套。理智也会被它牵着鼻子走。

——(美)索尔·贝娄

一棵树上很难找到两片叶子形状完全一样,一千个人之中也很难找到两个人在思想情感上完全协调。

——(德)歌德

天才在孤独中最易培养,性格在暴风雨中最易形成。

——(德)歌德

每个人都应该坚持走自己开辟的道路,不被权威所吓倒,不受行时的观点所牵制,也不被时尚所迷惑。

——(德)歌德

一个面具套不下所有人的脸。

——（苏联）高尔基

人的一生就如同下棋一样，每一个棋子都有自己的走法，如果没有这个规则——棋也就下不成了。

——（苏联）高尔基

没有自己的面貌，就不可能有一张理想的脸；只有那种庸俗粗鄙的脸才可以没有自己的面貌。

——（俄）屠格涅夫

一个人的个性应该像岩石一样坚固，因为所有的东西都建筑在它上面。

——（俄）屠格涅夫

每个人都有他的隐藏的精华，和任何别人的精华不同，它使人具有自己的气味。

——（法）罗曼·罗兰

所谓风格是一个人的灵魂。

——（法）罗曼·罗兰

每个人都有自己的特点，没有两个人一样的。真是人跟人各异，石头跟石头不同。然而大家合在一起，就成了相互交织在一起的群英谱。

——（苏联）富尔曼诺夫

一个人的房子，一个人的家具，一个人的衣服，他所读的书，他所交的朋友——这一切都是他自身的表现。

——（美）亨利·詹姆斯

个性和魅力是学不会，装不像的。

——（德）伯尔

为 人 篇

凡是个性强的人,都像行星一样,行动的时候,总把个人的气氛带了出来。

——(英)哈代

我谁也不模仿。我不去奴隶似的跟着时尚走。我只要看上去就像我自己,非我莫属。

——(意大利)索菲娅·罗兰

踩着别人脚步走路的人,永远不会留下自己的脚印。

——(美)爱因斯坦

一个人必须放弃那种总想和大多数人达成一致的不良癖好。"好"这字从你邻居口中一说出来,就不再是好的了。

——(德)尼采

个人主义是一剂致命的毒药,而个性却是日常生活的食盐。

——(美)亨·范戴克

模仿者是没有个性的,因为个性恰好在于思想方式的独创性,它的行为举止汲取的是由它自己所开辟的源泉。

——(德)康德

对一个人来说,真正重要的不是他的背景、他的肤色、他的种族,或是他的宗教信仰,而是他的性格。

——(美)尼克松

个性就是差别,差别就是创造。

——(美)爱迪生

世界上最强有力的人,是最具有独立精神的人。

——(挪威)易卜生

玫瑰正因为有刺，才在阳光下尽情地开放。

——（挪威）易卜生

尽力"成为某一个人"是没有用处的，你就是你现在这个人。

——（美）马克斯威尔·马尔兹

一个人在描述他个人的个性时，其自身的个性即暴露无遗。

——（匈牙利）李斯特

人们生而平等，但又生来个性各有千秋。

——（美）弗洛姆

人并不是"一般地"存在着，他的性格、气质、天资、性情正是他区别于其他人的地方。

——（美）弗洛姆

孩子的性情并不只是其父母性情中各种元素的重新排列组合，他性情中有些东西在其父母的性情中根本找不到。

——（英）劳伦斯

倾听每一个人的意见，可是只对极少数人发表你的意见；接受每一个人的批评，可是保留你自己的判断。

——（英）莎士比亚

个性的全面发展意味着精神丰富、道德纯洁和体魄完美在个性中和谐地结合。

——（苏联）赞科夫

个性是一个人的最大的需要和最大的保障。

——（英）斯宾塞

个性的造就由婴孩时代开始，一直继续到老死。

——（美）罗斯福

为　人　篇

要测量一个人真实的个性，只需观察他认为无人发现时的所作所为。

——（英）麦考莱

个性像白纸，一经污染，便永不能再如以前的洁白。

——（德）黑格尔

不要无事讨烦恼，不作无谓的希求，不作无端的伤感，而是要奋勉自强，保持自己的个性。

——（美）德莱塞

我们不必羡慕他人的才能，也不必悲叹自己的平庸，各人都有他的个性魅力。最重要的，就是认识自己的个性，而加以发展。

——（日）松下幸之助

在我的一生中，我见过法国人、意大利人、德国人，我甚至了解波斯人——这要感谢孟德斯鸠，但我从未见过泛指的"人"。

——（法）约瑟夫·德·迈斯特

在个人身上，能够导致绝对满足的就是自我个性的实现，即在实践上发挥别人所不能模仿自己的特点。

——（日）西田几多郎

一个没有任何个性的人，只能做出一般产品。只有在工作中发挥个性，才能有新的点子，找出新的方向。

——（日）大松博文

教育的目的是培养人的个性。

——（英）斯宾塞

性格像一首离合诗——无论顺读，倒读，还是交叉读，都是一样的。

——（美）爱默生

一个人无论做出多少件事来，我们都可以在里面认出同样的性格。

——（美）爱默生

就像从很小的孔穴能窥见阳光一样，细小的事情刻画出人的性格。

——（英）斯迈尔斯

有些人坦率，真诚待天下；有些人隐晦，藏头不露尾。

——（英）蒲柏

人的性格不可能始终向前，有退潮也有涨潮。

——（法）帕斯卡尔

要形成一个有道德的性格，既需要一种天赋的向善心，又需要良好的生活环境。

——（美）梯利

最重要的不是头脑，而是指导头脑的东西——性格、心灵、崇高的品性、教养。

——（俄）陀思妥耶夫斯基

一个有良好、温和、优雅性格的人，就是在贫乏的环境中也能怡然自得。

——（德）叔本华

好脾气是人生的一笔财富。

——（法）拉罗什福科

怯懦的动物总是成群结队地行走，只有狮子在旷野中独往独来。

——（法）维尼

一清如水的生活，诚实不欺的性格，在无论哪个阶层里，即使心术最坏的人也会对之肃然起敬。

——（法）巴尔扎克

为 人 篇

美，就是性格和表现。自然之中，任何东西都比不上人体更有性格。

——（法）罗丹

唯有具有最高尚的和最快乐的性格的人才会有感染周围的人的快乐。

——（俄）陀思妥耶夫斯基

淡漠的人要么就是哲学家，要么就是浅薄的、自私自利的人。对待后者应当用否定的态度，对待前者应当用肯定的态度。

——（俄）契诃夫

不停顿地享受将会造成疲弱，而处于疲弱中，我们将失去性格的刚强。

——（德）席勒

卑鄙与伟大、恶毒与善良、仇恨与热爱是可以互不排斥地并存在同一颗心里的。

——（英）毛姆

只有深哀和极乐才能显露你的真实。

——（黎巴嫩）纪伯伦

品性高贵的人就该有所节制，遇事能权衡轻重，从不忘记自己的身份。

——（英）乔叟

我们判断个人的情况，不能只看开头，还应该看到结尾。

——（古希腊）伊索

一个具有天才的人——具有超人的性格，决不遵循通常人的思想和途径。

——（法）司汤达

造就政治家的，绝不是超凡出众的洞察力，而是他们的性格。

——（法）伏尔泰

一个人的天性不长成药草，就长成莠草；所以他应当时时灌溉前者而清除后者。

——（英）培根

要我行我道，我有我法。

——齐白石

议论别人的优缺点是没有多大价值的。我们喜爱或是排斥一个人，往往只是因为他的特点。

——陈祖芬

我们要内在有自我的坚持，在外又能与人随和相处，能在这两者间平衡，真是大智慧。

——蒋勋

不要小看自己，因为人有无限的可能。

——证严法师

一般而言，一个善于欣赏别人的人，必是一个丰富的人；一个被别人欣赏的人，必是一个出色的人。

——汪国真

意志

人最凶恶的敌人，就是自己薄弱的意志力和愚蠢。

——（苏联）高尔基

哪怕是对自己的一点小小的克制，也会使人变得强而有力。

——（苏联）高尔基

意志是不可战胜的，在意志面前，一切都得弯腰低头。

——（苏联）高尔基

即使我是一株生长在山崖间的岩石下面的一个小草或者小树，我也要极其顽强地顺着岩石的缝隙向外生长出来，变得粗壮。

——（法）司汤达

拥有生存意志的人，可以想到任何生存下去的方法。

——（德）尼采

意志力坚定时，脚步自然不再沉重。

——（英）乔治·赫伯特

人们并不欠缺力量，而是缺乏意志力。

——（法）雨果

对于那些有自信不介意于暂时失败的人，没有所谓失败！对怀着百折不挠的坚定意志的人，没有所谓失败！

——（法）雨果

人类意志的品性是重要的；因为意志如果错了，灵魂的活动，将跟着错了；意志如果对了，这些灵魂的活动，不只是没有过错，而且是值得称许的。

——（古罗马）奥古斯丁

当身心的行动可以达到趋福避祸的目的时，意志就发动起来。

——（英）休谟

意志的出现不是对愿望的否定，而是把愿望合并和提升到一个更高的意识水平上。

——（美）罗洛·梅

意志有一个由比闪电还敏捷的各种液体组成的，看不见的兵团，使它的部下随时供它驱使。

——（法）拉美特利

在人类行为中表现的意志，如同所有其他外界的事情一样，受普遍的自然法则所决定。

——（德）黑格尔

生活就像海洋，只有意志坚强的人，才能到达彼岸。

——（德）马克思

意志和良心一样，当人做了不该做的事情时，才想到它；或者，如果他平时倒是意志坚强的，那就偶然想到它；或者他在无动于衷的地方才想到意志。

——（俄）冈察洛夫

只要有坚强的意志力，就自然而然地会有能耐、机灵和知识的。

——（俄）陀思妥耶夫斯基

一个没有原则和没有意志的人就像一艘没有舵和罗盘的船，他会随着风向的变化而随时改变自己的方向。

——（英）史美尔斯

力量并非体力的代名词，真正的力量是坚忍不拔的钢铁意志产生的。

——（巴基斯坦）阿卜杜拉

一只牛虻有意志力就能征服一头优柔寡断的牛。

——（古希腊）卡赞扎基

衰弱之躯造就薄弱意志。

——（法）卢梭

我们的身体就像一座园圃，我们的意志是这园圃里的园丁……让它荒废不治也好，把它辛勤耕植也好，那权力都在于我们的意志。

——（英）莎士比亚

意志是无限的，但实行起来却往往有许多不可能；欲望是无穷的，然行为亦必须受制于种种束缚。

——（英）莎士比亚

无所事事只是薄弱意志的避难所。

——（英）斯坦霍普

人类所有的力量，只要耐心加上时间的混合，所谓强者，是既有意志，又能等待时机。

——（法）巴尔扎克

没有伟大的意志力，就不可能有雄才大略。

——（法）巴尔扎克

要有坚强的意志、卓越的能力以及坚持要达到目标的恒心，此外都是细节。

——（德）歌德

滴水穿石不是靠力，而是因为不舍昼夜。

——（苏联）奥维狄乌斯

谁今天可耻地意志消沉，明天他就会痛苦地死掉。

——（英）卡莱尔

宿命论是那些缺乏意志力的弱者的借口。

——（法）罗曼·罗兰

我们行动的意志，依我们行动次数的频繁和坚定的程度而增强，而脑力则依意志的使用而增长。这样便真能产生信仰。

——（美）海伦·凯勒

意志，是一种能力，一种心灵借以肯定或否定什么是真，什么是错误的能力，而不是心灵借以追求一物或避免一物的欲望。

——（荷兰）斯宾诺莎

字典是最重要的三个词，就是意志、工作、等待。我将要在这三块基石上建立我成功的金字塔。

——（法）巴斯德

意志，是唯一不会耗竭的力量，也是人人永远具备的力量。

——（德）叔本华

伟大人物的最明显的标志，就是他坚强的意志，不管环境变换到何种地步，他的初衷与希望仍不会有丝毫的改变，并能终于克服障碍，达到期望的目的。

——（美）爱迪生

要意志坚强，要勤奋，要探索，要发现，并且永不屈服，珍惜在我们前进道路上降临的善，忍受我们之中和周围的恶，并下决心消除它。

——（英）赫胥黎

为 人 篇

追求伟大成就的意志，就是取得伟大成就的秘诀。

——（奥地利）茨威格

一个意志坚强的人归根结底一定比任何制度都更强大。

——（奥地利）茨威格

意志，自己的意志，它能够给人比自由更好的权力。你有意志——你就会自由，就能够指挥别人。

——（俄）屠格涅夫

意志薄弱的人在反躬自省的时候每每爱用慷慨激昂之辞。

——（俄）屠格涅夫

您得相信，有志者事竟成。古人告诫咱们说："天国是努力进入的。"只有当勉为其难地一步步向它走去的时候，才必须勉为其难地一步步走下去，才必须勉为其难地去达到它。

——（俄）果戈理

何不及早回头看，松柏青青耐岁寒。

——罗念庵

咬定青山不放松，立根原在破岩中。千磨万击还坚劲，任尔东西南北风。

——郑板桥

人们的前途只能靠自己的意志，自己的努力来决定。

——茅盾

意志是克服惰性的一种力量。而这意志的形成，是要靠一个值得追求的目标。有这个目标在那里等待我们去达到，我们就会觉得有理由把自己发动起来。

——罗兰

进取

自暴自弃,这是一条永远腐蚀和啃啮着心灵的毒蛇,它吸取着心灵和新鲜的血液,并在其中注入厌世和绝望的毒液。

——(德)马克思

凡是满足一切、不想再把好的变成更好的人,会使一切都失掉。

——(俄)阿·托尔斯泰

缺乏进取精神的民族意味着堕落。唯有开拓和竞争,才能立于不败之地。

——(英)怀特海

要永远尽你所能,永远不要气馁,永远不要小看自己。

——(美)尼克松

世界上的事没有绝对成功,只有不断地进取。

——(英)斯威夫特

无愧于有理性的人的生活,必须永远在进取中度过。

——(英)塞缪尔·约翰逊

并非所有的人都能成功,勇于进取者往往要冒失败的风险。

——(英)托·斯摩莱特

新的时势赋人以新的义务,时间使古董变得鄙俗,谁想不落伍,谁就得不断进取。

——(美)洛威尔

为 人 篇

在大多数情况下，进步来自进取心。

——（古罗马）塞内加

在海燕勇敢的叫声里，充满着对暴风雨的渴望。在这叫喊声里，乌云听出了愤怒的力量、热情的火焰和胜利的信心。

——（苏联）高尔基

就像每一种其他动物那样，人类之所以能够进步到这样高的地步，无疑是通过迅速增殖所引起的生存斗争而完成的；如果人类要向更高处进步，恐怕一定还要继续进行剧烈的斗争。否则人类就要堕入懒惰之中，天赋较高的人在生活斗争中将不会比天赋较低的人获得更大的成功。

——（英）达尔文

不要只用力抹杀别个，使他和自己一样的空无，而必须跨过那站着的前人，比前人更加高大。初出阵的时候，幼稚和浅薄都不要紧，然而也须不断地生长起来才好。

——鲁迅

我以为人类为向上，即发展起见，应该活动，活动而有若干失错，也不要紧。惟独半死半生的苟活，是全盘失错的。因为他挂了生活的招牌，其实却引人到死路上去。

——鲁迅

所谓上进，并不指求天天有更高的职位与名利，而是不断地完成充实自我。

——钱穆

奉献

只为家庭活着,这是禽兽的私心;只为一个人活着,这是卑鄙;只为自己活着,这是耻辱。

——(苏联)奥斯特洛夫斯基

一切利己的生活,都是非理性的、动物的生活。

——(俄)列夫·托尔斯泰

竭力履行你的义务,你应该就会知道,你到底有多大价值。

——(俄)列夫·托尔斯泰

我们在分给他人幸福的同时,也能正比例地增加自己的幸福。

——(英)边沁

一个人的价值,应当看他奉献什么,而不应当看他取得什么。人只有献身于社会,才能找出那短暂而有风险的生命的意义。

——(美)爱因斯坦

爱,首先意味着奉献,意味着把自己心灵的力量献给所爱的人,为所爱的人创造幸福。

——(苏联)苏霍姆林斯基

人当活在真理和自我奉献里。

——(丹麦)庞陀彼丹

要是一个人的全部人格、全部生活都奉献给一种道德追求,要是他拥有这样的力量,一切其他的人在这方面和这个人相比起来都显得渺小

为 人 篇

的时候，那我们在这个人的身上就看到崇高的善。

——（俄）车尔尼雪夫斯基

我所能奉献的，唯有热血、辛劳汗水与眼泪。

——（英）丘吉尔

要重返生活就须有所奉献。

——（苏联）高尔基

我们应当在不同的岗位上，随时奉献自己。

——（德）海塞

奉献乃是生活的真实意义。假如我们在今日检视我们从祖先手里接下来的遗物，我们将会看到什么？他们留下来的东西，都是他们对人类生活的贡献。

——（奥地利）阿德勒

上天赋予的生命，就是要为人类的繁荣和平和幸福而奉献。

——（日）松下幸之助

把别人的幸福当作自己的幸福，把鲜花奉献给他人，把棘刺留给自己！

——（西班牙）巴尔德斯

人生不是一支短短的蜡烛，而是一支暂时由我们拿着的火炬。我们一定要把它燃得十分光明灿烂，然后交给下一代的人们。

——（英）萧伯纳

有取有舍的人多么幸福，寡情的守财奴才是不幸。

——（波斯）鲁达基

你若要为你的意义而欢喜，就必须给这个世界以意义。

——（德）歌德

月儿把她的光明遍照在天上，却留着她的黑斑给她自己。

——（印度）泰戈尔

夜把花悄悄地开放了，却让白日去领受谢词。

——（印度）泰戈尔

埋在地下的树根使树枝产生果实，却并不要求什么报酬。

——（印度）泰戈尔

你们在开始一天生活的时候应该提醒自己去爱他人，应该努力去发现世间美好的事物，那么，从外界的反映中，你将发现一个可爱的自我。假如在你即将离开人世的时候，身边没有一个人紧紧握住你的手，这说明你在一生中未曾伸出友爱之手去帮助他人。

——（美）巴斯凯利亚

生命的用途并不在长短而在我们怎样利用它。许多人活的日子并不多，却活了很长久。

——（法）蒙田

一个有德性的人，往往为他的朋友和国家的利益而采取行动，必要时乃至牺牲自己的生命。他宁愿捐弃世人所争夺的金钱荣誉和一切财物，只求自己的高尚。

——（古希腊）亚里士多德

当你服务他人的时候，人生不再是毫无意义的。

——（美）葛登纳

人需要有一颗牺牲自己私利的心。

——（俄）屠格涅夫

只要你曾经尽可能地贡献出来，就已经值得感激了。

——（俄）屠格涅夫

为 人 篇

我可以一再坚持我们的贡献，那是因为，只有这种看法，才能在世界上有权力赢得人类的同情。

——（法）罗丹

我们的报酬取决于我们所做出的贡献。

——（美）韦特莱

快乐是一种香水，无法倒在别人身上，而自己却不沾上一些。

——（美）爱默生

仅仅一个人独善其身，那实在是一种浪费。上天生下我们，是要把我们当作火炬，不是照亮自己，而是普照世界；因为我们的德行尚不能推及他人，那就等于没有一样。

——（英）莎士比亚

一个人无论有着什么奇才异能，倘然不把那种才能传达到别人的身上，他就等于一无所有。

——（英）莎士比亚

人并非为获取而给予；给予本身即是无与伦比的欢乐。

——（德）弗罗姆

凡可以献上我的全身的事，绝不献上一只手。

——（英）狄更斯

一个丰富的天性，如果不拿自己来喂养饥肠辘辘的别人，自己也就要枯萎了。

——（法）罗曼·罗兰

给予是能使人产生优越感的。

——（法）雨果

献身的人是伟大的！即使他处境艰困，但也能平静处之，并且，他的不幸也是幸福的。

——（俄）雨果

如果我们想法交朋友，就要先为别人做些事——那些需要花时间、体力、体贴、奉献才能做到的事。

——（美）卡耐基

寻求快乐的一个很好的途径是不要期望他人的感恩，付出是一种享受施与的快乐。

——（美）卡耐基

要像灯塔一样，为一切夜里不能航行的人，用火光把道路照明。

——（俄）马雅可夫斯基

我不会半心半意。我要么把整个心都献出来，要么就什么也不给。

——（苏联）捷尔任斯基

我觉得，只有人类在由衷的感谢下生出的报效之心，才是地球上最美好的东西。

——（日）武者小路实笃

船锚是不怕埋没自己的。当人们看不见它的时候，正是它在为人类服务的时候。

——（苏联）普列汉诺夫

生命的多少用时间计算，生命的价值用贡献计算。

——（匈牙利）裴多菲

人的一生，贡献所作所为的意义和价值，比人们的预料更多地取决于心灵的生活。

——（法）马丹·杜·加尔

科学绝不是一种自私自利的享受。有幸能够致力于科学研究的人，

为 人 篇

首先应该拿自己的学识为人类服务。

——（德）马克思

像蜡烛为人照明那样，有一分热，发一分光，忠诚而踏实地为人类伟大事业贡献自己的力量。

——（英）法拉第

点燃蜡烛照亮他人者，也不会给自己带来黑暗。

——（美）杰弗逊

肥皂一经使用，便会逐渐溶化，甚至消失殆尽，但在这之间，却能使被洗物尽涤肮脏。如果有在水中不溶化的肥皂，才是无用处的东西。不知自我牺牲，以裨益社会，而只知吝惜一己之力的人，则宛如不会溶化的肥皂。

——（美）华纳梅格

多做些好事情，不图报酬，还是可以使我们短短的生命很体面和有价值，这本身就可以算是一种报酬。

——（美）马克·吐温

每一种真正的牺牲同时也是自我保存，即保存理想的自我。

——（德）包尔生

在花中采蜜，是蜜蜂的娱乐；但将蜜汁送给蜜蜂，也是花的快乐。

——（黎巴嫩）纪伯伦

帮助别人不希望得到回报的人，心里不感到失落。当你把你的产业给人，那只算给了一点。当你以身布施的时候，那才是真正的施与。

——（黎巴嫩）纪伯伦

慷慨不是你把我比你更需要的东西给我，而是你把你比我更需要的东西也给了我。

——（黎巴嫩）纪伯伦

真正的学者真正了不起的地方，是暗暗做了许多伟大的工作而生前并不因此出名。

——（法）巴尔扎克

如果一个人仅仅想到自己，那么他一生里，伤心的事情一定比快乐的事情来得多。

——（俄）马明·西比利亚克

哪能活着不干事呢？哪怕是一块石头吧，连石头也是为了让人利用而存在着的。而人，人是万物之灵，却闲着一无奉献。这能够为天地所容吗？

——（俄）果戈理

我们的一切喜悦都寓于牺牲之中，对于一个人来说，只有当他忘却自己，开始为他人而生存时，世上才有幸福。

——（俄）果戈理

鞠躬尽瘁，死而后已。

——诸葛亮

春蚕到死丝方尽，蜡炬成灰泪始干。

——李商隐

贤者不悲其身之死，而忧其国之衰。

——苏洵

在人生的路上，将血一滴一滴地滴过去，以饲别人。虽自觉渐渐瘦弱，也以为快活。

——鲁迅

只要能培一朵花，就不妨做做会朽的腐草。

——鲁迅

为　人　篇

以吾人数十年必死之生命，立国家亿万年不死之根基，其价值之重可知。

——孙中山

我不配做一盏灯，那么就让我做一块木柴吧！

——巴金

我是春蚕，吃了桑叶就要吐丝，哪怕放在锅里煮，死了丝还不断，为了给人间添一点温暖。

——巴金

壮士临阵决死哪管些许伤痕，向千年老魔作战，为百代新风斗争。慷慨掷此身。

——华罗庚

一个人光溜溜地到这个世界来，最后光溜溜地离开这个世界而去，彻底想起来，名利都是身外物，只有尽一人的心力，使社会上的人多得他工作的裨益，是人生最愉快的事情。

——邹韬奋

掷我们的头颅，奠筑自由的金字塔，洒我们的鲜血，染成红旗，万载飘扬。

——林基路

人们赞美流星，是因为它燃烧着走完自己的全部路程。

——凌光

贝壳虽然死了，却把它的美丽留给了整个世界。

——张笑天

布施如播种，以欢喜心滋润种子，才会发芽。

——证严法师

一般人是从贪欲心中去追求快乐，从个人自私中去占有快乐，从物质享受中去寻找快乐。而要想获得内心真正的平衡，一定要扫除自私自利的观念，净化自己的身心，变化自己的气质，庄严自己的思想，从奉献中获得快乐。

——星云大师

当一个人能把自己的一切献给社会的时候，这就是最有意义的一生了。

——张海迪

人的生命是有限的，可是为人民服务是无限的。我要把有限的生命，投入到无限的为人民服务之中去。

——雷锋

能够为人民劳动，便是最大的幸福。

——黄既

只有真正舍弃个人的一切，全心全意为人民劳动的人才能理解真正的幸福。

——丁玲

爱出者爱反，福往者福来。

——《群书治要·贾子》

太阳之所以伟大，在于它永远消耗自己。

——谚语

种子牢记着雨滴献身的叮嘱，增强了冒尖的勇气。

——谚语

品行篇

品格

人生，幸福不是目的，品德才是准绳。

——（美）比彻

品性是一个人的守护神。

——（古希腊）赫拉克利特

没有伟大的品格，就没有伟大的人，甚至也没有伟大的艺术家、伟大的行动者。

——（法）罗曼·罗兰

使人高贵的是人的品格。

——（英）劳伦斯

不管时代的潮流和社会的风尚怎样，人总可以凭着自己高贵的品质，超脱时代和社会，走自己正确的道路。

——（美）爱因斯坦

批评一个人人格的好坏，不但得看这个人已经做过的事，还得看他的目的和冲动；好坏的真正依据，不是已成事实的行为，却是未成事实的意向。

——（英）哈代

品格可以为青春增添光彩，为皱纹和白发增添威严。

——（美）爱默生

人的品格总会让别人知道。哪怕最诡秘的言行，最不可告人的目的，

品 行 篇

也能反映出一个人的品格。

——（美）爱默生

我们的所作所为足以说明我们是什么样的人。人品给人的印象是意志改变不了的。

——（美）爱默生

品格是一种内在的力量，它的存在能直接发挥作用，而无须借助任何手段。

——（美）爱默生

品格如同树木，名声如同树荫。我们常常考虑的是树荫，却不知树木才是根本。

——（美）林肯

不为私利是世界上最好的一种品德。无私和忘我的精神有多么伟大和美好！

——（法）大仲马

对一切事情都喜欢做到准确、严格、正规，这些都不愧是高尚心灵所应有的品质。

——（俄）契诃夫

品格换来品格。慷慨，尤其是还兼有谦虚，就会使人人赢得好感。

——（德）歌德

才能，可以在寂静之处培养；而人格却须在人世波涛中形成。

——（德）歌德

善行为就是一切以人格为目的的行为。人格是一切价值的根本，宇宙间只有人格具有绝对的价值。

——（日）西田几多郎

在人格市场与商品市场上，估价的原则是一样的：在这一方，出售的是人格；在另一方，出售的是商品。

——（美）弗洛姆

唯有人的品格最经得起风雨。

——（美）惠特曼

当我们的人格降低时，我们的趣味也跟着下降。

——（法）拉罗什夫科

社会越复杂，人的人格和价值越被忽视，人的活动范围也越来越小。

——（日）三浦绫子

要相信高贵的品质，而不要相信誓言。

——（古希腊）梭伦

不同的品格导致不同的兴趣爱好。

——（古罗马）西塞罗

一个人的人格可以从他的眼神、笑容、言语、热忱、态度显示出来。

——（美）乔·吉拉德

清白纯洁是高尚人格的本质，我们一生没有恶毒污秽的思想，就是最大的光荣。

——（法）拉·封丹

品格可能在重大的时刻中表现出来，但它是在无关重要的时刻形成的。

——（英）雪莱

完美的人格，高尚的品德，是从实际生活锻炼出来的。

——（德）叔本华

品 行 篇

要永远保持始终如一的人格——被捧上天也不要翘鼻子,被摔落地也别垂头丧气。

——(苏联)尤·鲁德尼娜

如果一个人自己具有某种品质,就具备对那种品质的鉴赏力。

——(英)狄更斯

对一个人的评价,不可视其财富出身,更不可视其学问的高下,而是要看他的真实的品格。

——(英)培根

任何本领都没有比良好的品格与态度更易受人欢迎,更易谋得高尚的职位。

——(英)培根

容易发怒,是品格上最为显著的弱点。

——(意大利)但丁

患难可以试验一个人的品格,非常的境遇方可以显出非常的气节。

——(英)莎士比亚

金钱买不到人格,对于一个没有品格的人,我是不会借给他一文钱的,不管与他合作表面上多么有利可图。

——(美)约翰·皮尔庞特·摩根

如果你不肯对你的优良品质保持缄默,那么你的全部品质都不能使人相信。

——(德)尼采

成人的人格的影响,对于年轻的人来说,是任何东西都不能代替的最有用的阳光。

——(俄)乌申斯基

体操和音乐两个方面并重，才能够成为完全的人格。因为体操能锻炼身体，音乐可以陶冶精神。

——（古希腊）柏拉图

一个人必须剔除自己身上的顽固的私心，使自己的人格得到自由表现的权利。

——（俄）屠格涅夫

禽兽并非别的东西，只不过是我们的好品德和坏品质的形象化，它们在我们眼前游荡，有如我们灵魂所显出的鬼影。

——（法）雨果

谄媚从来不会出自伟大的心灵，而是小人的伎俩。

——（法）巴尔扎克

人在品格修养上，必须从花朵学得教训。为什么栀子花普遍为人喜爱，只有一个理由，因为它绝不妄想玫瑰花般的香味。

——（黎巴嫩）努埃曼

单纯是灵魂中一种正直无私的品质。与真诚比起来，单纯显得更高尚、更纯洁。

——（法）弗朗索瓦·费

财不如义高，势不如德尊。

——刘向

品性一半是生成，一半是教养；品性的表现出于自然，是整个儿的为人。

——朱自清

立志宜思真品格，读书须尽苦功夫。

——阮元

品　行　篇

　　逆境可铸炼常人难以具备的沉着从容、朴素不屈的品格。可现实中的我们，宁可在顺境中柔弱成一株随风而倒的小草，也不愿意在逆境中坚强成一棵宁折不弯的树！

——刘新吾

做人要有人格，做官要有官德，做事要靠本事。

——郑培民

爱 国

纵使世界给我珍宝和荣誉，我也不愿意离开我的祖国，因为纵使我的祖国在耻辱之中，我还是喜欢，热爱，祝福我的祖国！

——（匈牙利）裴多菲

真正的爱国主义不应该表现在漂亮的话上，而应该表现在为祖国谋福利，为人民谋福利的行动上。

——（俄）杜勃罗留波夫

我为自己的祖国编写歌儿，不是为别人祖国的天空！

——（俄）涅克拉索夫

黄金诚然是宝贵的，但是生气蓬勃、勇敢的爱国者比黄金更为宝贵。

——（美）林肯

爱国主义的力量多么伟大呀！在它面前，人的爱生之念，畏苦之情，算得了什么呢？在它面前，人本身也算得了什么呢？

——（俄）车尔尼雪夫斯基

虚荣的人注视着自己的名字；光荣的人注视着祖国的事业。

——（古巴）何塞·马蒂

一个人只有把自己的事业和祖国的事业联系起来才能有所进步，才能有所作为。

——（古巴）何塞·马蒂

品 行 篇

祖国更重于生命，是我们的母亲，我们的土地。

——（智利）聂鲁达

祖国，这个字眼包含着多少魅力啊！她是指引巡礼者的明星，使之免于跌进深渊。

——（秘鲁）里·帕尔玛

一般就在部分之中；谁不属于自己的祖国，那么他也就不属于人类。

——（俄）别林斯基

对于任何国民来说，最伟大最神圣的东西是自己的祖国。

——（加拿大）哈里斯

我们要把心灵里的美丽的激情献给祖国。

——（俄）普希金

爱国主义就是千百年来固定下来的对自己祖国的一种最深厚的感情。

——（苏联）列宁

科学没有国界，科学家却有国界。

——（俄）巴甫洛夫

我无论做什么，始终在想着，只要我的精力允许的话，我就要首先为我的祖国服务。

——（俄）巴甫洛夫

我赞美目前的祖国，更要三倍地赞美它的将来。

——（俄）马雅可夫斯基

爱国主义也和其他道德与信念一样，使人趋于高尚。

——（俄）凯洛夫

有一种荣誉，堪称罕见的最高荣誉，即：为祖国利益不怕危险，不惜捐躯。

——（英）培根

不要使自己在别人眼中，成为一个出了一次国就忘记祖先风俗的人；而应当做一个善于把别国的优良事物移植到本国土壤上的改良者。

——（英）培根

如果我有十一个儿子，我愿十一个均为国家而死，不愿有一个饱食终日，无所事事。

——（英）莎士比亚

我怀着比我自己的生命更大的尊敬、神圣和严肃，去爱国家的利益。

——（英）莎士比亚

人类最高的道德是什么？那就是爱国心。

——（法）拿破仑

爱国是文明人的首要美德。

——（法）拿破仑

人们不能没有面包而生活；人们也不能没有祖国而生活。

——（法）雨果

为祖国而死，那是最美的命运啊！

——（法）大仲马

我们为祖国服务，也不能都采用同一方式，每个人应该各尽所能。

——（德）歌德

我从来不曾想到我竟是这样热爱我的祖国！好比一个学物理的可能不知道血液的重要性，要是让人抽掉了他的血，他就会跌倒下来。

——（德）海涅

品 行 篇

热爱自己的祖国是理所当然的事。

——（德）海涅

一个艺术家也有他自己的祖国，他应该坚定地忠于祖国，并热爱祖国。

——（捷克）德沃夏克

爱祖国高于一切。

——（波兰）肖邦

世界上最伟大的美德是爱祖国。

——（保加利亚）赫·鲍特夫

最大的荣誉是保卫祖国的荣誉。

——（古希腊）亚里士多德

我唯一的遗憾是：我只有一个生命为我的国家牺牲。

——（美）赫尔

无论祖国的前途如何，要是把我和挪威分开，那就等于割我的手臂和双腿。

——（挪威）格里格

我们必须保卫我们的国土，无论要付出多少代价。不管在海边，在陆地上，在原野中，在大街上，甚至在群山之中。我们都要和敌人奋战到底，决不投降！

——（英）丘吉尔

没有祖国，就没有幸福。个人的幸福必须植根于祖国的土壤里。

——（俄）屠格涅夫

常思奋不顾身，以殉国家之急。

——司马迁

捐躯赴国难，视死忽如归。

——曹植

赤心事上，忧国如家。

——韩愈

僵卧孤村不自哀，尚思为国戍轮台。

——陆游

位卑未敢忘忧国，事定犹须待阖棺。

——陆游

苟利国家生死以，岂因祸福避趋之。

——林则徐

一个人对人民的服务不一定要站在大会上讲演或者做什么惊天动地的大事业，随时随地，点点滴滴地把自己知道的、想到的告诉人家，无形中就是替国家播种、垦殖。

——傅雷

一个真正的爱国者，其实不用等待什么特殊机会，他完全可以在自己平凡的学习和工作岗位上，表现出对祖国的热爱，关键在于要有主人翁的责任感。

——苏步青

我死国生，虽死犹荣，身虽死精神长生，成功成仁，实现大同。

——赵博生

我想人的一生也不必求什么富贵、什么势力，只要能为国家尽义务，为社会造幸福，就算是好国民。

——陈逸群

品　行　篇

小孩儿们用心读书，用力体操，学做好人，就是爱国。

——陶行知

我们爱五星红旗，像爱自己的心，没有了心，就没有了生命。

——艾青

一个无一技之长的人，怎能对国家做出较大的贡献呢？

——廖静文

我们是国家的主人。我们不愿当远离现实、只会高谈阔论、品头论足的观潮派，而要做实实在在为四化拼搏的弄潮儿。

——隋世忠

各出所学，各尽所知，使国家富强不受外侮，足以自立于地球之上。

——詹天佑

在祖国过一个冬天，胜过在异国过一百个春天。

——谚语

明智的旅行者决不会看不起自己的乡土。

——谚语

宁愿成为同胞脚下的一把尘土，也不要充当压迫者戒指上的宝石。

——谚语

天鹅爱的是湖泊，英雄爱的是祖国。

——谚语

美德

某些美德就像是感觉，没有这种感觉的人既无法看见也无法理解。

——（法）拉罗什福科

道德的种子是很难生长的，必须要有长时间的准备，才能使它生根。

——（法）卢梭

愉快的生活是不能与各种美德分开的。

——（古希腊）伊壁鸠鲁

人不应当像走兽一般活着，应当追求知识和美德。

——（意大利）但丁

名誉和美德是心灵的装饰，要没有它，那肉体虽然真美，也不应该认为美。

——（西班牙）塞万提斯

美德的道路窄而险，罪恶道路宽而平，可是两条路止境不同：走后一条路是送死，走前一条路是得生，而且得到的是永生。

——（西班牙）塞万提斯

我希望除了其他的一切科学之外，别忘记人类一切知识的主要目的：德行。

——（俄）冯维辛

许多容颜俊秀的人却一无作为，他们过于追求外形的美，而放弃了

品　行　篇

内在的美。

——（英）培根

　　美德犹如名香，经燃烧或压榨而其香愈烈，所以幸运最能显露恶德而厄运最能显露美德。

——（英）培根

　　不朽之名誉，独存于德。

——（意大利）彼得拉克

　　美是一种善，其所以引起快感，正因为它善。

——（古希腊）亚里士多德

　　道德是永存的，而财富每天在更换主人。

——（古罗马）普鲁塔克

　　真、善、美是些十分相近的品质。

——（法）狄德罗

　　道德败坏了，趣味也必然会堕落。

——（法）狄德罗

　　实际上，道德的基础不是对个人幸福的追求，而是对整体的幸福，即对部落、民族、阶级、人类的幸福的追求。这种愿望和利己主义毫无共同之点。相反地，它总是要以或多或少的自我牺牲为前提。

——（苏联）普列汉诺夫

　　勤劳、坚持、忍耐、积极、警惕、努力、恒心，以及其他一些容易想得到的同类的德，其所以被人认为是有价值的，也只是因为它们对于生活行为是有利的。

——（英）休谟

美德像奇丽的宝石一样，如果镶嵌得淡雅，就显得更有风采。

——（美）尼尔

美德藐视人间的一切讥嘲，清白愈受到诽谤身价愈高。

——（英）笛福

邪恶穿行于充满欲望的路径，引诱许多人跟着它走。美德追求一条险峻陡峭的途径，对人类较少诱惑力，如果别的地方有很多人招呼人们走一条微微倾斜的道路时，美德对他们就更没有吸引力了。

——（德）贝多芬

道德和才艺是远胜于富贵的资产；堕落的子孙可以把显贵的门第败坏，把巨富的财产荡毁，可是道德和才艺，却可以使一个凡人成为不朽的神明。

——（英）莎士比亚

人的美德的荣誉比他财富的名誉不知大多少倍。

——（意大利）达·芬奇

一个人的美德不应由他特殊的行动来衡量，而应由他日常的品行来衡量。

——（法）帕斯卡尔

一切美德都是由于放弃自我而成的，果实之所以极度甘美，便是由于企求萌芽使然。

——（法）纪德

良好的品德是从对坏倾向做顽强的斗争中培养出来的。

——（德）德克斯特

虽然尊严不是一种美德，却是许多美德之母。

——（英）柯林斯

品　行　篇

　　胜利是暂时的，美德却将千古流芳。

——（俄）普希金

　　甚至在我们的欢迎中，恶习也会刺痛我们；但美德却能使我们在痛苦中得到安慰。

——（英）弥尔顿

　　有比快乐、艺术、财富、权势、知识、天才更宝贵的东西值得我们去追求，这极为宝贵的东西就是优秀而纯洁的品德。

——（英）塞缪尔·斯迈尔斯

　　美德具备了纯然无限的价值，人生的不幸变成了不可比拟的渺小。

——（波兰）显克微支

　　假如你的品德十分高尚，莫为出身低微而悲伤，蔷薇常在荆棘中生长。

——（波斯）萨迪

　　优良的品德是内心真正的财富，而衬显这一品行的是良好的教养。

——（英）约翰·洛克

　　不属于自己的，连一个钱也不会摸一摸——千万要保住这种美德。

——（美）马克·吐温

　　道德这个东西也像季节那样随时变迁的。

——（德）歌德

　　甘居下位不算美德，能往下降才是美德；承认低于我们的事物高于我们，也是一种美德。

——（德）歌德

　　我在人世间找不到任何东西像宁静、善良、大公无私，正义和真理那样使人愉快、动心和合乎希望；我觉得，如果人们在自己身上珍惜地保存着如此可爱的德行，那么这些德行对于人们本身就应当是幸福和福利的无穷无尽的泉源。

——（法）梅叶

恻隐之心，仁之端也；羞恶之心，义之端也。

——孟子

道高益安，势高益危。

——司马迁

德胜才，谓之君子；才胜德，谓之小人。

——司马光

知道者必不自矜，知义者必不好得，知德者必不沽名。

——张九成

德不广不能使人来，量不宏不能使人安。

——刘基

厚者不毁人以自益，仁者不危人以要名。

——刘向

真正品德良好的人，他的感情自然、适度，而且真诚，不必有一点约束与造作，但绝不会过分。这样的人不但自己快乐，别人和他在一起，也会如沐春风。

——罗兰

有德而富贵者，乘富贵之势以利物；无德而富贵者，乘富贵之势以残身。

——胡宏

知往日所行之非，则学日进；见世人可取者多，则德日进。

——王永彬

品 行 篇

　　以力服人,时间短暂,功效浅;以德感人,时间久长,功效深。与其用力服人,不如用德感人;与其用力做事,不如用德做事。

——星云大师

　　德惟治,否德乱。

——《尚书·太甲下》

良心

良心是我们每人心头的岗哨,它在那里值勤站岗,监视着我们别做出违法的事情来。它是安插在自我的中心堡垒中的暗探。

——(英)毛姆

当一个人看清自己的航行路线是多么迂回曲折时,他最好依靠自己的良心作为领航员。

——(英)司各特

高尚的人无论走向何处,身边总有一个坚强的捍卫者——那就是,良心。

——(英)司各特

在有信念的男人和女人心目中,良心并不是儿戏。

——(法)罗曼·罗兰

谁能使一个人开脱自己的良心责备呢?

——(哥伦比亚)里维拉

处于顺境的时候,良心的谴责就睡着了;处于逆境的时候,良心的谴责就加剧了。

——(法)卢梭

青年人陷于不义的时候,不敢对良心的镜子照一照;成年人却不怕正视;人生两个阶段的不同完全在于这一点。

——(法)巴尔扎克

品 行 篇

人在犯罪之前先嗅到一阵罪恶的烟,良心的呼吸就不能自由了。

——(法)雨果

良心通常只以沉默的形式说话。

——(德)海德格尔

当理智和感情完全一致的时候,良心的声音就会在心灵中占据统治地位。

——(苏联)苏霍姆林斯基

只有在良心和羞耻心的良好基础上,人的心灵中才会产生良知。

——(苏联)苏霍姆林斯基

人们将永远赖以自立的是他的智慧、良心、人的尊严。

——(苏联)苏霍姆林斯基

良心是信念的感情哨兵。

——(苏联)苏霍姆林斯基

一个良知纯洁的人,觉得人生是件甜美而快乐的事。

——(俄)列夫·托尔斯泰

凡是对他人有害的,对我也是有害的;凡是对他人有益的,对我也是有益的;良心总是这样说的。

——(俄)列夫·托尔斯泰

有一条法律是管一切的:不做违背良心的事,你就不会在世界上做什么坏事了。

——(苏联)高尔基

你的良心在说什么?你要成为你自己。

——(德)尼采

名誉是表现在外的良心；良心是隐藏在内的名誉。

——（德）叔本华

比海更宏伟的是蓝天，比天更宏伟的是良心。

——（英）丘吉尔

一个人必须学会怎样听见和理解良心的呼唤，以便按良心而行动。

——（美）弗洛姆

我可以咬住舌头，缄口不言，但是，我却不能使我的良知沉默不语。

——（印度）泰戈尔

一个人的良心和他的判断有相似之处，正如判断会有失误，良心也有出格的时候。

——（英）霍布斯

良心是一种根据道德准则来判断自己的本能，它不只是一种能力；它是一种本能。

——（德）康德

良心是一种内心的感觉，是对于躁动于我们体内的某种异常愿望的抵制。

——（奥地利）弗洛伊德

无愧于事，不如无愧于身，不如无愧于自己的良心。

——石成金

人生做错了一件事，良心就永久不得安宁。

——傅雷

一个人最伤心的事情，无过于良心的死灰，一个社会最伤心的现象，无过于正义的沦亡。

——郭沫若

品　行　篇

聪明以为可，良知以为不可，则不可之；聪明以为不可，良知以为可，则可之。良知为主，聪明为奴，其人必忠；良知为奴，聪明为主，其人必奸。

——林语堂

寸心不昧，万法皆明。

——《名贤集》

良心要像清水一样亮，骨头要像柚木一样硬。

——谚语

宽容

把别人对你的诋毁放在尘土中；而把别人对你的恩惠刻在大理石上。

——（美）富兰克林

对于所受的伤害，宽恕比复仇更高尚，鄙视比雪耻更有气派。

——（美）富兰克林

不宽恕别人的人，至死也得不到别人的宽恕。

——（美）罗斯福

只有勇敢的人才懂得如何宽容；懦夫决不会宽容，这不是他的本性。

——（俄）斯特恩

把"宽恕"说了两次，并不是把宽恕分而为二，而只会格外加强宽恕的力量。

——（英）莎士比亚

宽恕别人所不能宽恕的，这是一种高贵行为。

——（英）莎士比亚

宽恕他人的作恶，对于弱者来说，尽管要作很大努力，但至少可以从憎恨他人的苦恼中解脱出来。如果不能宽恕，那么至少忘记其恶吧！

——（法）缪塞

世界上最宽阔的东西是海洋，比海洋更宽阔的是天空，比天空更宽阔的是人的胸怀。

——（法）雨果

品 行 篇

不会宽容别人的人，是不配受到别人的宽容的。

——（俄）屠格涅夫

一个宽宏大量的人，他的爱心往往多于怨恨，他乐观、愉快、豁达、忍让，而不悲伤、消沉、焦躁、恼怒；他对自己伴侣和亲友的不足之处，以爱心劝慰，述之以理，动之以情，使听者动心、感佩、遵从，这样，他们之间就不会存在感情上的隔阂、行动上的对立、心理上的怨恨。

——（科威特）穆尼尔·纳素夫

不能宽恕他人，就是拆掉自己要过的桥。一个不肯原谅别人的人，就是不给自己留余地，因为每个人都有犯过错误而需要别人原谅的时候。

——（法）福莱

宽恕别人的过失，就是自己的荣誉。

——（以色列）所罗门

错误在所难免，宽恕就是神圣。

——（英）波普

最高贵的复仇是宽容。

——（德）贝尔奈

智慧的艺术就是懂得该宽容什么的艺术。

——（美）威廉·詹姆斯

用温柔去对待倔强的人，用宽容冰冻苛刻的人，用热情融化冷酷的人。

——（德）赫塞

若无宽恕，生命将被永无休止的仇恨和报复所控制。

——（俄）莱蒙托夫

谨慎使你免于灾害，宽容使你免于纠纷。

——（德）叔本华

宽宏是这样一种德性：它不为个人所受的伤害进行回报而且不看重这些伤害，它不去抓住报复的机会，即使是这种机会已经提供给他了的时候。

——（德）包尔生

紫罗兰把它的香气留在那踩扁了它的脚踝上。这就是宽恕。

——（美）马克·吐温

在这世界生存，具备一定的预见能力和宽恕能力合乎我们争取幸福的目的：前者帮助我们避免受到伤害和损失，后者则为我们免除了人事纷争和吵闹。

——（德）叔本华

理解一切便宽容一切。

——（法）罗曼·罗兰

以责人之心责己，恕己之心恕人，不患不到圣贤地位。

——朱熹

天称其高干，以无不覆；地称其广者，以无不载；日月称其明者，以无不照；江河称其大者，以无不容。

——曹植

川泽纳污，所以成其深；山岳藏疾，所以就其大。

——魏徵

和以处众，宽以接下，恕以待人，君子人也。

——李邦献

君子忍人所不能忍，容人所不能容，处人所不能处。

——马南

思想通达，能节制自己，能宽容别人，这样才不愧为文明人。

——周作人

品 行 篇

一个人放弃报复的念头，并敢于宽恕别人的中伤，其灵魂就会显得无比坚强。

——蔡平

当你喜欢你自己的时候，你就不会觉得自卑，当你宽容别人的时候，你就不会感到自己和别人站在敌对的地位。能有这种感觉时，你即使仍然没有很多的朋友，你也一样会觉得满意和心安理得了。

——罗兰

读书可以广智，宽恕可以交友。当你有机会读书的时候，请不要放弃读书的机会。当你能以豁达光明的心地去宽容别人的错误时，你的朋友自然就多了。

——罗兰

爱是苛求的，因为苛求而短暂。友谊是宽容的，因为宽容而长久。

——周国平

宽恕是最积极的感化力量。

——廖凤明

成功者的金玉良言自古皆是"宽大"二字。

——林信彦

宽容并不是姑息错误和软弱，而是一种坚强和勇敢。

——周向潮

宽容并不等于放纵。

——俞吾金

以柔克刚，宽以待人是我们无所不通的大道。

——林信彦

一个人能够容忍别人所不能容忍的事，就是英雄。

——邓加荣

宽容是互赠的礼品。

——俞吾金

在宽恕面前强力会化为乌有，在宽恕面前软弱会化为乌有。没有宽恕不能做到的事情。

——《摩诃婆罗多》

诚信

如果说一张善良的脸是一封推荐信,那么一颗诚实的心便是一张信用状。

——(英)布尔沃·利顿

失足,你可能马上重新站立,失信,你也许永难挽回。

——(美)富兰克林

我要求别人诚实,我自己就得诚实。

——(俄)陀思妥耶夫斯基

你必须保持诚实人的立场,这时常是冒险的,这需要有勇气。

——(苏联)奥斯特洛夫斯基

你能在所有的时候欺骗某些人,也能在某些时候欺骗所有的人,但你不能在所有的时候欺骗所有的人。

——(美)林肯

诚实比一切智谋更好,因为它是智谋的基本条件。

——(德)康德

只有信用才会比才智更加深交情。

——(法)拉罗什福科

有信用不一定有钱,但有钱就一定要有信用。

——(美)奥·霍姆斯

要有信。信人也要信己。人人有信才能够使自己和他人的独立自尊得以实现。

——(日)福泽谕吉

假如想让人们对你的支持维持得长久,处理问题就不能随心所欲,出尔反尔。

——(波斯)昂苏尔·玛阿里

誓言不一定尽如人意,但每个人都必须对誓言负责。

——(古希腊)埃斯库罗斯

为了恪守一个宏伟的诺言而去贡献毕生精力,对平庸之人是很难做到的。不过,我觉得,每一个人心里都应该有一个小小的诺言,如果将恪守小小诺言的无数人的力量汇集到一起,就会一步一步地在人类的历史上开辟出一条道路来。

——(日)永井道雄

人一旦陷入谎言的罗网,就很难自拔。

——(奥地利)茨威格

信任的前提是坦率,无保留的坦率。

——(奥地利)茨威格

欺骗里既没有安宁,也没有快乐的。一时炽烈的欢乐,紧接下去总是烦扰的悔恨。

——(美)德莱塞

信用既是无形的力量,也是无形的财富。

——(日)松下幸之助

一个人严守诺言,比守卫他的财产更重要。

——(法)莫里哀

品　行　篇

信用就像一面镜子，只要有了裂缝就不能像原来那样连成一片。

——（瑞士）阿米尔

失掉信用的人，在这个世界上已经死了。

——（英）哈伯特

任何情形下，都不要欺骗任何人，说话算话，这点绝对不能违背。

——（美）康拉德·希尔顿

不要过度承诺，但要超值交付。

——（美）迈克·戴尔

个人的信用是财产，公众的荣誉是保障金。

——（美）约翰·皮尔庞特·摩根

信用和金钱是人生杠杆。

——（日）本田宗一郎

守信用胜过有名气。

——（美）罗斯福

遵守诺言就像保卫你的荣誉一样。

——（法）巴尔扎克

生命不可能从谎言中开出灿烂的鲜花。

——（德）海涅

诚实是雄辩能力的一部分；我们因自己的热切诚恳，而使别人信服。

——（英）威廉·哈立特

诚实这个词，实际上具有无上崇高的意义。

——（法）巴尔扎克

诚者，天之道也；思诚者，人之道也。

——孟子

小信诚则大信立。

——韩非

百金孰为重，一诺良匪轻。

——卢照邻

忠者不饰行以徼荣，信者不食言以从利。

——王安石

对人以诚信，人不欺我；对事以诚信，事无不成。

——冯玉祥

识不多则多虑，威不足则多怒，信不足则多言。

——弘一法师

百种奸伪，不如一实。

——李光地

诚伪是品性，却又是态度。从前论人的诚伪，大概就品性而言。诚实，诚笃，至诚，都是君子之德；不诚便是诈伪的小人。

——朱自清

信赖是不能和利益一样放到天平上去称的。

——梁晓声

人际关系最重要的，莫过于真诚，而且要出自内心的真诚。真诚在社会上是无往不利的一把剑，走到哪里都应该带着它。

——三毛

凡出言，信为先，诈与妄，奚可焉。

——李毓秀

建立个人和企业良好信誉，这是资产负债表中见不到但价值无限的

品 行 篇

资产。

——李嘉诚

有其言，无其行，君子耻之。

——《礼记》

言必信，行必果。

——《论语》

诚实人的眼睛就是天平。

——谚语

宁做老实人，不装聪明人。

——谚语

牛马羊群肥壮的好，品质性格诚实的好。

——谚语

布用线缝，木用胶粘，心用诚连。

——谚语

节俭

节约是穷人的财富，富人的智慧。

——（法）大仲马

朴素为英雄之本色。

——（英）麦考莱

勤力而不节俭，无异乎是左手得来右手用去呀！

——（英）弥尔顿

节俭是一大收入。

——（古罗马）西塞罗

节俭所积蓄之物，均由勤劳而得。但是只有勤劳无节俭，有所得而无所贮，资本决不能加大。

——（英）亚当·斯密

节俭是美德，唯需与宽厚结合。

——（英）培根

节俭是你一生中食用不完的美筵。

——（美）爱默生

俭约与勤勉是人类的两大名医。

——（法）卢梭

对于浪费的人，金钱是圆的；可是对于节俭的人，金钱是扁的，是

品　行　篇

可以一块块堆积起来的。

——（法）巴尔扎克

一般人往往把节俭与吝啬看作一对孪生子，其实这是一个很大错误。节俭是当用则用，当省则省，换言之，是用得适当。吝啬却是当用的不用，不当省的也节省。

——（以色列）所罗门

以为节俭是一种不漂亮的行为的人，是最荒唐无稽的。

——（英）萧伯纳

节俭是一门艺术，它能使人最大限度地享用生活。

——（英）萧伯纳

知道什么时候该花钱，什么时候该节约，你就不必整天忙忙碌碌，也就永远不会变成穷光蛋。

——（英）托·富勒

我们为每一位顾客降低生活开支。我们要给世界一个机会，来看一看通过节约的方式改善所有人的生活是什么样子。

——（美）山姆·沃尔顿

对大企业来讲，节俭、稳定和摩擦的减少是至关重要的。

——（美）金·坎普·吉列

1万元有1万元的价值，我们要在生活中，尽量运用金钱的价值，以安康、没有浪费的生活方式，享受人类尊贵的生活意义。

——（日）松下幸之助

谁在日常节衣缩食，在贫穷时就简单过难关；谁在饶富时阔绰奢侈，在贫穷时就会死于饥饿。

——（波斯）萨迪

我每天上百次地提醒自己：我的精神生活和物质生活都依靠着别人（包括生者和死者）的劳动，我必须尽力以同样的分量来报偿我所领受了的和至今还在领受着的东西。我强烈地向往着俭朴生活，并且时常为发觉自己占有了同胞的过多劳动而难以忍受。

——（美）爱因斯坦

恭者不侮人，俭者不夺人。

——孟子

强本而节用，则天不能贫。

——荀子

侈而惰者贫，力而俭者富。

——韩非

静以养身，俭以养德。

——诸葛亮

防奸以政，救奢以俭。

——诸葛亮

处贵则戒之以奢，持满则守之以约。

——魏徵

历览前贤国与家，成由勤俭败由奢。

——李商隐

奢者狼藉俭者安，一凶一吉在眼前。

——白居易

天下之事，常成于俭朴而败于奢侈。

——陆游

品 行 篇

众人皆以奢靡为荣，吾心独以俭素为美。

——司马光

由俭入奢易，由奢入俭难。

——司马光

节约莫怠慢，积少成千万。

——范继亭

惟俭足以养廉。

——范纯仁

奢者富不足，俭者贫有余；奢者心常贫，俭者心常富。

——王应麟

欲绝奢靡，务崇节俭。

——王昶

奢则妄取苟取，志气卑辱；一从俭约，则于人无求，于己无愧，是可以养气也。

——罗大经

财薄愁少，居家之道，惟崇俭可以长久。

——曾国藩

克勤于邦，克俭于家。

——《尚书》

俭，德之共也；侈，恶之大也。

——《左传》

勇敢

失去财产的人损失很大,失去朋友的人损失更大,失去勇气的人则损失了一切。

——(西班牙)塞万提斯

太胆小是懦弱,太胆大是鲁莽,勇敢是适得其中。

——(西班牙)塞万提斯

一颗无畏的心往往能帮助一个人避免灾难。

——(意大利)乔万尼奥里

越是出乎意料,我们越是应该努力加强我们的防御,因为勇气是在磨炼中生长的。

——(英)莎士比亚

懦夫在未死之前,就已经死过好多次;勇士一生只死一次。

——(英)莎士比亚

你若失去了财产——你只失去了一点儿,你若失去了荣誉——你就丢掉了许多,你若失掉了勇敢——你就把一切都失掉了!

——(德)歌德

没有出息的人面临没有出路的时候,总是想到哀哉呜呼,所以,谁是勇敢者谁就有生机。

——(德)歌德

发现者,尤其是一个初出茅庐的年轻发现者,需要勇气才能无视他

品 行 篇

人的冷漠和怀疑，才能坚信自己发现的意义，并把研究继续下去。

——（英）贝弗里奇

勇气是青年人最漂亮的装饰。

——（德）雷马克

对付贫穷要有勇气，忍受嘲笑要有勇气，正视自己营垒里的敌对者也要有勇气。

——（英）罗素

勇敢寓于灵魂之中，而不凭一具强壮的躯体。

——（希腊）卡赞扎基

勇敢者是到处有路可走的。

——（俄）陀思妥耶夫斯基

如果你是懦者，你自己乃是你最大的敌人；但如果你是勇者，你自己乃是最大的朋友。

——（德）弗兰克

勇气是一个人处于逆境中的光明。

——（法）华福纳格

勇气如爱情，需要希望来滋养。

——（法）拿破仑

与死相比，承受痛苦更需要勇气。

——（法）拿破仑

从根本上说，生活是冒险。要舒畅地生活，就要有勇气增强自己的力量，坚定自己的信心。

——（美）马尔兹

迎头搏击才能前进，勇气减轻了命运的打击。

——（古希腊）德谟克利特

勇气就是对艰苦和痛苦的蔑视。

——（古罗马）西塞罗

幸运喜欢照顾勇敢的人。

——（英）达尔文

勇敢产生在斗争中，勇气是在每天对困难的顽强抵抗中形成的。

——（苏联）奥斯特洛夫斯基

如果勇敢便是无畏，那么我便从未见过一位勇敢的人。

——（美）巴顿

应该具有尝试失败的勇气，力求改进；而不应畏惧风险而停滞不前。

——（英）葛·克拉克

勇敢是人类美德的高峰。

——（俄）普希金

勇气是在压力之下的美德。

——（美）海明威

只怕应该怕的，不怕不应该怕的，才是勇敢的人。

——（俄）列夫·托尔斯泰

出于虚荣或好奇心而去冒生命危险，不是勇敢的人。

——（俄）列夫·托尔斯泰

勇气是人类最重要的一种特质，若有了勇气，人类其他的特质自然也就具备了。

——（英）丘吉尔

品 行 篇

你若想尝试一下勇者的滋味,一定要像个真正的勇者一样,豁出全部的力量去行动,这时你的恐惧心理将会为勇猛果敢所取代。

——(英)丘吉尔

世界上最需要的勇敢,不是英雄式的勇敢,而是极寻常的勇敢。

——(法)蒙田

英勇是一种力量,但不是腿部和臂部的力量,而是心灵和灵魂的力量,这力量并不存在于战马和武器的价值之中,而是存在于我们自身之中。

——(法)蒙田

真正的勇气就是秉持自己的意见,不管别人怎么说。只要确定你是对的,就坚持你的信念,无怨无悔。

——(美)比尔·盖茨

勇气通往天堂,怯懦通往地狱。

——(古罗马)塞内加

勇气就是一种坚韧;正因为它是一种坚韧,才使我们具有任何形式的自我否定和自我战胜的能力。因而,正是借助于这一点,勇气也多少与德行发生了关系。

——(德)叔本华

命运可以剥夺掉一个人的财富,却无法剥夺掉一个人的勇气。

——(古罗马)辛尼加

有胆气的人是不惊慌的人,有勇气的人是考虑到危险而不退缩的人;在危险中仍然保持他的勇气的人是勇敢的,轻率的人则是莽撞的,他敢于去冒险是因为他不知道危险。

——(德)康德

勇气比什么都更有感染力。

——（法）艾芙·居里

大胆产生勇气，多疑却产生恐惧。

——（英）康拉德

勇气是处于逆境时的光芒。

——（奥地利）茨威格

在下决心以前，犹豫也许是必要的。然而，一旦下了决心，就应该一直往前走。

——（日）石川达三

如果问在人生中最重要的才能是什么？那么回答则是：第一，无所畏惧；第二，无所畏惧；第三，还是无所畏惧。

——（英）培根

勇敢的人以生命冒险，不以良心冒险。

——（法）希拉

没有智慧不行，没有勇气也不行。我不敢说有智慧的人一定有勇气；但短于智慧的人，大约也没有勇气，或者其勇气亦是不足取的。怎样是有勇气？不为外面威力所慑，视任何强大势力若无物，担荷任何艰巨工作而无所怯。

——梁漱溟

真的猛士，敢于直面惨淡的人生，敢于正视淋漓的鲜血。

——鲁迅

为了自己的身家名誉，而去拼命的人，算不得大勇，不顾自己的身家名誉，而去维护真理的人，才是真正的勇者！

——刘墉

品　行　篇

勇士，即使在敌人心里，也能唤起敬意；懦夫，即使在同道眼里，也能遭到轻蔑。

——汪国真

具有大勇者风度的雄伟非常之人，由于气节自高，胸怀浩然，世俗庸见不能使之屈合，淫威暴力不能使其曲躬，而以磊落坦荡的所作所为成就一代风范，这才可称之为大勇。

——唐达成

一个勇士，胜过百个懦夫。

——谚语

行为最勇敢的人，心地总是最善良。

——谚语

浪再大也在船底下，山再高也在人脚下。

——谚语

善良

善良的行为有一种好处,就是使人的灵魂变得高尚了,并且使它可以做出更美好的行为。

——(法)卢梭

真有才能的人总是善良的,坦白的,爽直的,决不矜持。

——(法)巴尔扎克

在一切道德品质之中,善良的本性在世界上是最需要的。

——(英)罗素

感人肺腑的人类善良的暖流,能医治心灵和肉体的创伤。

——(苏联)罗佐夫

对于心地善良的人来说,付出代价必须得到报酬这种想法本身就是一种侮辱。美德不是装饰品,而是美好心灵的表现形式。

——(法)纪德

灵魂最美的音乐是善良。

——(法)罗曼·罗兰

不知道善意不一定就不能为善。善不是一种学问,而是一种行动。

——(法)罗曼·罗兰

善良的根须和根源,在于建设,在于创造,在于确立生活和美。善良的品格同美有着不可分割的联系。

——(苏联)苏霍姆林斯基

品　行　篇

　　没有善良，一个人不可能给予另一个人的真正发自肺腑的温暖，就不可能有精神的美。

　　　　　　　　　　　　　　　　　　　——（苏联）苏霍姆林斯基

　　善良的、忠实的心里充满着爱的人，不断地给人间带来幸福。

　　　　　　　　　　　　　　　　　　　　　　——（美）马克·吐温

　　善良，是一种世界通用的语言，它可以使盲人感到，失聪者闻到。

　　　　　　　　　　　　　　　　　　　　　　——（美）马克·吐温

　　善良与品德兼备，有如宝石之于金属，两者互为衬托，益增光彩。

　　　　　　　　　　　　　　　　　　　　　　——（英）萧伯纳

　　如果"善"有原因，它就不再是善；如果"善"有它的结果，那也不能称为"善"。"善"是超乎因果联系的东西。

　　　　　　　　　　　　　　　　　　　——（俄）列夫·托尔斯泰

　　善的光荣产生于人们的良心中，而不在人们的话语中。

　　　　　　　　　　　　　　　　　　　——（俄）列夫·托尔斯泰

　　人性中存在着一种善的胚芽，只要认真加以培养，可以生枝长叶，蔚成精神文明的欢喜之树。

　　　　　　　　　　　　　　　　　　　　　　——（德）歌德

　　善良使您完全生活在人生最年轻最纯洁的感情之中。

　　　　　　　　　　　　　　　　　　　　　　——（德）歌德

　　善良人在追求中纵然迷惘，却终将意识到有一条正途。

　　　　　　　　　　　　　　　　　　　　　　——（德）歌德

　　有时，爱也是种伤害。残忍的人，选择伤害别人，善良的人，选择伤害自己。

　　　　　　　　　　　　　　　　　　　　　——（古希腊）柏拉图

你如果真正是一个善良而正直的人，那么，当你行仁守义的时候，永远不会遇到伤害。

——（古希腊）柏拉图

在世界上，一切都不过暂时的存在，终于都是要死的。除开善良——心肠的善良之外。

——（美）德莱塞

所谓恶人，无论有过多么善良的过去，也已滑向堕落的道路而消逝其善良性；所谓善人，即使有过道德上不堪提及的过去，但他还是向着善良前进的人。

——（美）杜威

善良是给人幸福的，也便是给人美、爱情和力量。

——（波兰）显克微支

善良的心就是太阳。

——（法）雨果

利人的品德我认为就是善。在性格中具有这种天然倾向的人，就是"仁者"。这是人类的一切精神和道德品格中最伟大的一种。

——（英）培根

寻求善的人只有费尽千辛万苦才能找到，而恶则不用找就来了。

——（古希腊）德谟克利特

生活之所以美好，就在于我们左右永远有一颗年轻、善良的心在成长、开花，如果它在你面前稍加披露，你就会从中看到它对你的微笑。

——（苏联）高尔基

人们喜爱善，珍惜善，向往善，并且总是期待着有朝一日善会在什么地方降临,去抚慰,去照亮严酷的、黑暗的生活。

——(苏联)高尔基

为善虽人不知,积之既久,自然善积而不可掩;为恶若不知改,积之既久,必至恶极而不可赦。

——王守仁

人生一日或闻一善言,见一善行,行一善事,此日方不虚生。遇富贵人,宜劝他宽,见聪明人宜劝他厚。

——曾国藩

对于丑恶没有强烈的憎恨的人,也不会对于美善有强烈的执着。

——茅盾

善良的东西、美好的东西,能达到一种极致。在一定的时候,在一定的环境,可以达到极致。

——孙犁

凡是能够促进人类向上发展的,都是美的,都是善的,也都是诗的。

——艾青

一切恶出于自私,而通于一切之善者就在于不自私,以至舍己而为公。

——梁漱溟

我自己当然希望变得更善良,但这种善良应该是我变得更聪明造成的,而不是相反。

——王小波

自己丰富才能感知世界的丰富;自己善良才能感知世界的美好;自己坦荡才能逍遥地生活在天地之间。

——王蒙

善良是一种智慧，是一种远见，是一种自信，是一种精神力量，是一种精神的平安，是一种以逸待劳的沉稳，是一种文化，是一种快乐，是一种乐观。

——王蒙

人啊，你要有善良的心、丰富的心灵、高贵的灵魂，这样你才无愧于人的称号，你才是作为真正的人在世间生活。

——周国平

善良，生命对生命的同情，多么普通的品质，今天仿佛成了稀有之物。善良是区分好人与坏人的最初界限，也是最后界限。

——周国平

惆怅隶属于善良；绝无惆怅感的人也许非常不凡，但毕竟非善良之辈。

——刘心武

人类中凶恶的人比最凶恶的动物还凶恶。人类中善良的人比最善良的动物还善良。

——郑渊洁

善良是灵魂燃烧过的舍利——如火熄而碳犹暖，花谢而风仍香。

——钱海燕

正直

　　一个正直的人要经过长久的时间才看得出来、一个坏人只要一天就认得出来。

　　　　　　　　　　　　　　——（古希腊）索福克勒斯

　　尽管你们曾经犯错，曾经迷惘，你们也应当尽自己最大的能力去做一个正直的人。

　　　　　　　　　　　　　　　　　　——（法）雨果

　　做一个圣人，那是特殊情形；做一个正直的人，那却是为人的正轨。

　　　　　　　　　　　　　　　　　　——（法）雨果

　　做好人容易，做正直的人却难。

　　　　　　　　　　　　　　　　　　——（法）雨果

　　正直的人必须和正直的人为伍，因为谁是那样刚强，能够不受诱惑呢？

　　　　　　　　　　　　　　　　　——（英）莎士比亚

　　没有比正直更宝贵的遗产。

　　　　　　　　　　　　　　　　　——（英）莎士比亚

　　你若正直，不要怕人诽谤。

　　　　　　　　　　　　　　　　　　——（波斯）萨迪

　　做一个正直的人，就必须把灵魂的高尚与精神的明智结合起来。

　　　　　　　　　　　　　　　　　——（法）爱尔维修

正直的人是一切人中最不为不安所苦者，不正直的人永远为不安所苦。

——（古希腊）伊壁斯鸠

正直意味着有勇气坚持自己的信念，这一点包括有能力去坚持你认为是正确的东西，在需要的时候义无反顾，并能公开反对你确认是错误的东西。

——（美）阿瑟·戈森

正直的人都是抗震的，他们似乎有一种内在的平静，使他们能够经受住挫折甚至是不公平的待遇。

——（美）阿瑟·戈森

对一个正直的人来说，流言是起不了作用的。

——（苏联）菲·纳谢德金

是啊，人活着得做个人啊：宁可受人欺骗，也不欺骗别人——做个为人正直，不怀邪念的人。

——（奥地利）茨威格

做人应该正直，而且有帮助亲友义务。有时候应该连自身都不顾惜。

——（俄）屠格涅夫

正直和诚实还没有发现代用品，人们缺少它就没法取得成功。

——（德）布雷默

你如果要避免永远的刑罚，就必须走正直而狭窄的路。

——（美）德莱塞

在全人类中，凡是坚强、正直、勇敢、仁慈的人，都是英雄！

——（德）贝多芬

世间最美好的东西，莫过于有几个头脑和心地都很正直的朋友。

——（美）爱因斯坦

品 行 篇

青年人应当不伤人，应当把个人所得的给予各人，应当避免虚伪与欺骗，应当显得恳挚悦人，这样学着去行正直。

——（捷克）夸美纽斯

为人善良和正直才是最光荣。

——（法）卢梭

我大胆地走着正直的道路，绝不有损于正义与真理而谄媚和敷衍任何人。

——（法）卢梭

以为人人都正直，那是愚蠢的；认为根本没有正直的人，尤其愚蠢。

——（美）约·亚当斯

不明智、不健康、不正直地生活是不可能活得愉快的；同样，活得不愉快也就不可能活得明智、健康和正直。

——（古希腊）伊壁鸠鲁

对待工作的严肃态度，高度的正直，形成了自由和秩序之间的平衡。

——（法）罗曼·罗兰

抱着一颗正直的心，专心致志干事业的人，他一定会完成许多的事业。

——（俄）赫尔岑

一个正直的人在无论什么地方应该知道自重。

——（法）巴尔扎克

要正直地生活，别想入非非！要诚实地工作，才能前程远大。

——（俄）陀思妥耶夫斯基

正直但无知识是软弱的，也是无用的；有知识但不正直是危险的，也是可怕的。

——（英）塞缪尔·约翰逊

志毋虚邪，行必正直。

——管仲

教人治己，皆宜以正直为先。

——王安石

正直无私，扬眉吐气，我不怕人，人皆敬我，就是天堂快乐之境，此为将之根本。

——戚继光

正直者顺道而行，顺理而言，公平无私，不为安肆志，不为危易行。

——韩婴

和平处事，勿矫俗为高；正直居心，勿设机以为智。

——王永彬

心态篇

希望

黑夜无论怎样悠长,白昼总会到来的。

——(英)莎士比亚

人在自然世界里有一个有限之极,在希望的世界里则有一个无限之极。

——(印度)泰戈尔

希望在任何时候都是一种支撑生命的安全力量。

——(英)莎士比亚

希望是为痛苦而吹奏的音乐。

——(英)莎士比亚

一个最困苦、最微贱、最为命运所屈辱的人,只要还远抱有希望,便可无所怨惧。

——(英)莎士比亚

希望是苦难的唯一药方。

——(英)莎士比亚

希望是生命的源泉,失去它生命就会枯萎。

——(美)富兰克林

智者因希望而忍受人生的痛苦。

——(古希腊)欧里庇得斯

心 态 篇

希望贯穿一切，临死也不会抛弃我们。

——（英）波普

希望永远在人的胸膛汹涌。

——（英）波普

只要我们能把希望的大陆牢牢地装在心中，风浪就一定会被我们战胜。

——（意大利）哥伦布

希望会使你年轻的，因为希望和青春乃是同胞兄弟。

——（英）雪莱

在人的幻想和成就中间有一段空间，只能靠希望来通过。

——（黎巴嫩）纪伯伦

我们必须接受有限的失望，但是千万不可失去无限的希望。

——（美）马丁·路德·金

强大的勇气，崭新的意志——这就是希望。

——（美）马丁·路德·金

希望里蕴藏着极大的力量，使我们的志向和幻想成为事实。

——（英）弥尔顿

希望是坚韧的拐杖，忍耐是旅行袋，携带它们，人可以登上永恒之旅。

——（英）罗素

在希望与失望的决斗中，如果你用勇气与坚决的双手紧握着，胜利必属于希望。

——（意大利）普里尼

人类所有的智慧可以归结为两个词——等待和希望。

——（法）大仲马

生活在前进。它之所以前进，是因为有希望在；没有了希望，绝望就会把生命毁掉。

——（俄）特罗耶波尔斯基

人总得有希望。没有希望的心田，是寸草不生的荒地。

——（美）惠特曼

希望是栖息于灵魂中的一种会飞翔的东西。

——（英）狄更生

希望是风雨之夜所现之晓霞。

——（德）歌德

希望是生命的灵魂，心灵的灯塔，成功的向导。

——（德）歌德

很难说什么是办不到的事情，因为昨天的梦想，可以是今天的希望，并且还可以成为明天的现实。

——（美）罗伯特

人最宝贵的财富是希望。如果只着眼于当前，我们就不会去播种。

——（法）伏尔泰

人生包含两部分：一部分是过去，是一场梦；一部分是未来，是一个希望。

——（法）金斯利

只有能够实现的希望才能产生爱，只有希望才能保持爱。

——（古罗马）奥维德

只要你抱着希望，死去的意志就会在你内心复活。

——（法）罗曼·罗兰

心 态 篇

只要太阳照耀，希望也会闪耀。

——（德）席勒

有时候，最荒唐和最轻率的希望会导致非凡的成功。

——（法）沃夫纳格

我们唯一的悲哀是生活于愿望之中而没有希望。

——（意大利）但丁

希望是引导人成功的信仰。如果没了希望，便一事无成。

——（美）海伦·凯勒

对一切人们的疾苦，希望是唯一价廉而普遍的治疗方法；它是俘虏的自由，病人的健康，恋人的胜利，乞丐的财富。

——（美）克鲁利

希望是唯一所有的人都共同享有的好处；一无所有的人，仍拥有希望。

——（法）塞利斯

灾难的忠实姐妹——希望，她会唤起你们的勇气和欢乐。

——（俄）普希金

在生活中应当抱有莫大的希望，并以热情和毅力来开拓自己的希望。

——（德）雷马克

希望在任何情况中都是必需的，如果没有希望的安慰，贫困、疾病、囚禁的悲惨境遇就会不能忍受。

——（英）塞缪尔·约翰逊

许多人说他的生活已无希望，其实这只是骗人的话，只要他活在世界上一刻，希望便会跃动于他的心中。

——（美）洛韦尔

希望与生命常相伴随。

——（西班牙）塞万提斯

希望是热情之母，它孕育着荣誉，孕育着力量，孕育着生命。一句话，希望是世间万物的主宰。

——（印度）普列姆·昌德

事之愚蠢莫过于把希望寄托在别人的身上。

——（德）肯比斯

怀着希望向前走，胜利到达目的地。

——（英）琼斯

人生是海洋，希望是舵手的罗盘，使人们在暴风雨中不致迷失方向。

——（法）狄德罗

一个真正而且热切地工作的人总是有希望的——只有怠惰才是永恒的绝望。

——（英）卡莱尔

人生活在希望之中。旧的希望实现了，或者泯灭，新的希望的烈焰随之燃烧起来。如果一个人只是过一天算一天，什么希望也没有，他的生命实际上也就停止了。

——（法）莫泊桑

希望里蕴藏着极大的力量，使我们的志向和幻想成为实事。

——（印度）马尔顿

希望是附丽于存在的，有存在，便有希望，有希望，便是光明。

——鲁迅

我们所可以自慰的，想来想去，也还是所谓对于将来的希望。

——鲁迅

心 态 篇

希望是人类第二个生命，悲观是人类活受的死刑！

——梁启超

世事之乐不在于实行而在于希望，犹似风景之美不在其中而在其外。

——丰子恺

人类的希望像是一颗永恒的星，乌云掩不住它的光芒。

——巴金

每人心中都应有两盏灯光，一盏是希望的灯光；一盏是勇气的灯光。有了这两盏灯光，我们就不怕海上的黑暗和风涛的险恶了。

——罗兰

心中熄灭了希望的火焰，只能留下焦黄的寂寞。

——唐跃生

希望总是战胜困苦去实现的。

——柯蓝

信心

喷泉的高度不会超过它的源头；一个人的事业也是这样，他的成就绝不会超过自己的信念。

——（美）林肯

每个人应该有这样的信心：人所能负的责任，我必能负；人所不能负的责任，我亦能负。

——（美）林肯

能够使我漂浮于人生的泥沼中而不致陷于污秽的，是我的信心。

——（意大利）但丁

征服者之所以成功是因为他们相信自己有能力征服。

——（美）爱默生

自信就是成功的第一秘诀。

——（美）爱默生

信心因际遇而异：人在大厅说话，和在阁楼说话不同。

——（法）福楼拜

信心使一个人得以征服他相信可以征服的东西。

——（英）萧伯纳

有信心的人，可以化渺小为伟大，化平庸为神奇。

——（英）萧伯纳

心 态 篇

信心与能力通常是齐头并进的。

——（英）塞缪尔·约翰逊

一个人除非自己有信心，否则不能带给别人信心；已经信服的人，方能使人信服。

——（英）阿诺德

要有自信，然后全力以赴——假如有这种信念，任何事情十有八九都能成功。

——（美）威尔逊

有了信心，你就会在你严肃的献身生活中找到乐趣。

——（印）泰戈尔

我力量的真正源泉，是一种暗中的、永不变更的对未来的信心。甚至不只是信心，而是一种确信。

——（法）杜伽尔

对于凌驾命运之上的人来说，信心是命运的主宰。

——（美）海伦·凯勒

信心是一种心境，有信心的人不会在转瞬间就消沉沮丧。

——（美）海伦·凯勒

自信是走向成功之路的第一步，缺乏自信是失败的主要原因。

——（英）莎士比亚

信心可以使一个人得以征服他相信可以征服的东西。

——（英）德莱顿

发明家全靠一股了不起的信心支持，才有勇气在不可知的天地中前进。

——（法）巴尔扎克

果断获得信心，信心产生力量，而力量是胜利之母。

——（德）亨利希·曼

那些即使遇到了机会，还不敢自信必能成功的人，只能得到失败。

——（德）叔本华

缺乏信心并不是因为出现了困难，而出现困难倒是因为缺乏信心。

——（古罗马）塞涅卡

自信是向成功迈出的第一步。

——（美）爱因斯坦

本领加信心是一支战无不胜的军队。

——（英）赫伯特

你要在内心的深处坚信，你必能成就一番事业。

——（美）乔·佩特诺

如果你对自己都没有信心的话，很少有人会对你有信心。胜利终将属于那些相信自己能够成功的人。

——（英）理查德·巴赫

人必须要有耐心，特别是要有信心。

——（波兰）居里夫人

先相信自己，然后别人才会相信你。

——（法）罗曼·罗兰

我们对自己抱有的信心，将使别人对我们萌生信心的绿芽。

——（法）拉罗什福科

社交场上的信心比机智更加重要。

——（法）拉罗什福科

心 态 篇

哥伦布发现一个世界,却没有用海图,他用的是在天空中释疑解惑的"信心"。

——(西班牙)桑塔雅娜

只有满怀自信的人,能在任何地方都怀有信心,沉浸在生活中,并认识自己的意志。

——(苏联)高尔基

对我们帮助最大的,并不是朋友们的实际帮助,而是我们坚信得到他们帮助的信念。

——(古希腊)伊壁鸠鲁

自信者,不疑人,人亦信之;自疑者,不信人,人亦疑之。

——林逋

凡事总要有信心,老想着"行"。要是做一件事,先就担心着"怕不行吧?"那你就没有勇气了。

——盖叫天

由大志中产生大勇,由理解中加强信心,才是最坚毅的大勇与最坚强的信心。

——邹韬奋

不要失去信心,只要坚持不懈,就终会有成果的。

——钱学森

自尊

巨象的腿是为步行用的,不是为屈膝用的。

——(英)莎士比亚

没有自尊心的人,即近于自卑。

——(英)莎士比亚

人应尊敬他自己,并应自视能配得上最高尚的东西。

——(德)黑格尔

不知道他自己的人的尊严,他就完全不能尊重别人的尊严。

——(德)席勒

自尊心是个膨胀的气球,戳上一针就会发出大风暴来的。

——(法)伏尔泰

尊严是人类灵魂中不可糟蹋的东西。

——(智利)尼高美德斯·古斯曼

人受到的震动有种种不同:有的是在脊椎骨上;有的是在神经上;有的是在道德感受上;而最强烈、最持久的则是在个人尊严上。

——(英)约翰·高尔斯华绥

自尊在我们做的每一件事上表现出来,你必须肯定自己,了解自己,表现自己。

——(法)拉罗什福科

心 态 篇

千万别对我残忍，即使是最困苦、最可怜的人也有他的自尊心。

——（奥地利）茨威格

高贵的灵魂就是某种对自身的根本肯定，这种灵魂是不能被追求、不能被发现、或许也不能被抛弃的。高贵的灵魂，就是自己尊敬自己。

——（德）尼采

自重是第二信仰，是约束万恶之本。

——（英）培根

产生自尊心的是理性，而加强自尊心的则是思考。

——（法）卢梭

懂得自爱，才能得到他人的友谊。

——（英）托·富勒

尊重英雄要先于常人，尊重父母要先于他人，然而最重要的是尊重自己。

——（古希腊）毕达哥拉斯

无论是在别人眼前或者自己单独的时候都不要做一点卑劣的事情：最要紧的是自尊。

——（古希腊）毕达哥拉斯

别人再看重我们，也绝不会比我们自己的估价高。

——（法）莫洛亚

自爱是人生漫长浪漫史的开端。

——（英）王尔德

自我热爱远非缺点，这种定义是恰当的。一个懂得恰如其分地热爱自己的人，一定能恰如其分地做好其他一切事情。

——（英）哈利法克斯

自尊自爱，作为一种力求完善的动力，却是一切伟大事业的渊源。

——（俄）屠格涅夫

对人来说，最最重要的东西是尊严。

——（印）普列姆昌德

虽然自尊心不是美德，但它是多数美德的双亲。

——（英）柯林斯

如果你想受人尊敬，那么首要的一点就是你得尊敬你自己；只有这样，只有自我尊敬，你才能赢得别人的尊敬。

——（俄）陀思妥耶夫斯基

君子宁为维护尊严而死，不为苟且偷生而寡廉鲜耻。

——（印度）瓦鲁瓦尔

没有自我尊重，就没有道德的纯洁性和丰富的个性精神。对自身的尊重、荣誉感、自豪感、自尊心——这是一块磨炼细腻的感情的砺石。

——（苏联）苏霍姆林斯基

人如果出卖了自己的尊严，他将永远失去尊严。

——（英）汤因比

高度的自尊心不是骄傲、自大或缺乏自我批评精神的同义词。自尊心强的人不是认为自己比别人优越，而只是对自己有信心，相信自己能够克服自己的缺点。

——（美）科恩

谁自重，谁就会得到尊重。

——（法）巴尔扎克

保持尊严地忍受贫穷，是贤智之士所固有的特性。

——（古希腊）德谟克利特

心 态 篇

自尊心是一个人灵魂中的伟大杠杆。

——（俄）别林斯基

人们高贵的天性中占优势的并不是兴致。我猜想，诗人们的天性可以用"十"这个数字来表现。假若我们让化学家来分析，就像拉伯雷所说，那就一定会发现其中只有十分之一是兴致，而十分之九是自尊心。

——（法）雨果

尊严不是天赐的，也不是别人给予的，是你自己缔造的。

——（美）洛克菲勒

人必其自觉也，然后人爱诸；人必其自敬也，然后人敬诸。

——扬雄

人不自爱，则无所不为；过于自爱，则一无所为。

——吕坤

理智

理智要比心灵为高，思想要比感情可靠。

——（苏联）高尔基

一个人凭感情解决问题的速度要高于凭借理智去解决这一问题。做出情感上的决定往往是靠直觉抓住问题的实质，并做出定性的分析和综合。而理智的决定则是通过对所有的步骤进行审视、比较和权衡，然后再找出最佳选择。

——（苏联）彼得利斯

当剧院失火时，理智的人和惊慌失措的人都同样清楚地预见到了灾祸，不过，理智的人采取可能减小灾祸的行动，而惊慌失措的人反而使灾祸扩大。

——（英）罗素

一个人应该将他的心思重点放在他所理性地信仰的东西上，而决不允许相反的、非理性的信仰不受质问就进入自己的头脑，甚至控制自己，不管时间如何短都不行。

——（英）罗素

要是不理智地经常口吐真言，就难免会受到迫害。

——（德）歌德

理智的人面临危险，会急中生智，可以说，比平时更聪明。

——（法）司汤达

心 态 篇

理智可以制定法律来约束感情，可是热情激动起来，就会把冷酷的法令篾弃不顾；年轻人是一头不受拘束的野兔，会跳过老年人所设立的理智的藩篱。

——（英）莎士比亚

能够把感情和理智调整得适当，以致命运不能随心所欲地把人玩弄于股掌之间，这样的人是有福的。

——（英）莎士比亚

理智像太阳，它的光是恒久的、不变的、持续的；而想象，则像发光的流星，不过是稍纵即逝的闪耀。

——（英）塞·约翰生

极少数人有理智，多数人有眼睛。

——（英）丘吉尔

有理智的教育和培养能带来益处，而失去理智将带来危害。

——（古希腊）苏格拉底

理智的最后一步就是意识到有无数事情是它力所不及的。

——（法）帕斯卡

你愿意征服一切事物吗？那么就让你自己服从理智吧。

——（古罗马）塞涅卡

理智是最高的才能，但是如果不克制感情，它就不可能获胜。

——（俄）果戈理

在对生活存在理智、清醒的态度的情况下，人们就能够战胜他们过去认为不能解决的悲剧。

——（俄）车尔尼雪夫斯基

我们所有的知识都开始于感性，然后进入到知性，最后以理性告终。

没有比理性更高的东西了。

——（德）康德

完全理智的心，恰如一柄全是锋刃的刀，会叫使用它的人手上流血。

——（印）泰戈尔

理智时常纠正感情过于急促的判断。

——（法）狄德罗

只有从知识、从洞察、从明辨提出道理的人，才是有理智的人。

——（法）拉罗什福科

理智是经验阅历的成果，它潜伏在人身内部，如同火藏在石块内部，两块石头相撞，就迸出火花；人的经验阅历越多，理智就越增长。

——（波斯）伊本·穆加发

知识教人判别可能与不可能，理智使人分辨有理和无理。

——（比利时）维尔哈伦

人与动物的区别就是人有理智，而仇恨心理往往蒙蔽人的理智。

——（苏联）特罗耶波尔斯基

完全排除理性，以及只接受理性，这是两个极端。

——（法）巴斯克特

没有情感的理智，是无光彩的金块，而无理智的情感，是无鞍镫的野马。

——郁达夫

乐观

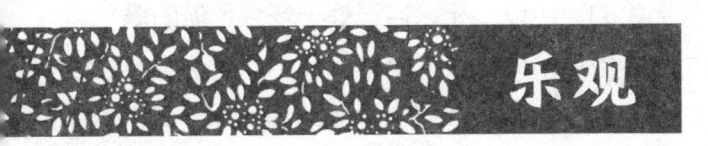

乐观是一首激昂优美的进行曲，时刻鼓舞着你向事业的大路勇猛前进。

——（法）大仲马

悲观的人虽生犹死，乐观的人永生不老。

——（英）拜伦

我说做个乐观主义者要这样——即使情况不佳，你也确信它会好转。

——（美）弗兰克·休斯

最难过的日子也有尽头。

——（美）豪厄尔

一个多雾的早晨，仍可能有一个晴朗的白天。

——（英）凯利

最好的境况尚在后头。

——（英）布朗宁

每一朵乌云后面都有阳光。

——（英）吉尔伯特

愿你们每天都愉快地过生活，不要等到日子过去了才找出它们的可爱之处，也不要把所有的特别合意的希望都放在未来。

——（波兰）居里夫人

人生的道路都是由心来描绘的。所以，无论自己处于多么严酷的境遇之中，心头都不应为悲观的思想所萦绕。

——（日）稻盛和夫

一切的和谐与平衡、健康与健美、成功与幸福，都是由乐观与希望的向上心理产生与造成的。

——（美）华盛顿

往往并不是我们的思想决定乐观还是悲观，而是我们生理和病理引起的乐观或者悲观意识形成自己的思想。

——（西班牙）乌纳穆诺

乐观的人永葆青春。

——（英）拜伦

明智的人决不坐下来为失败而哀号，他们一定乐观地寻找办法来加以挽救。

——（英）莎士比亚

真正的快乐，是对生活的乐观，对工作的愉快，对事业的热心。

——（美）爱因斯坦

乐观是希望的明灯，它指引着你从危险峡谷中步向坦途，使你得到新的生命、新的希望，支持着你的理想永不泯灭。

——（英）达尔文

悲观者把机会沦为困难；乐观者把困难铸成机会。

——（美）杜鲁门

人是从苦难中滋长起来的，唯有乐观奋斗，才能不断茁壮成长，反之则易埋没，默默终生。

——（法）拿破仑

心 态 篇

乐观主义者就是被狮子逼上了树但仍能欣赏风景的人。

——（美）W.温切尔

每个人在他生活中都经历过不幸和痛苦。有些人在苦难中只想到自己，他就悲观、消极，发出绝望的哀号；有些人在苦难中还想到别人，想到集体，想到祖先和子孙，想到祖国和全人类，他就得到乐观和自信。

——冼星海

凡笑者，就表现着他尚有生活的胆和力。

——徐懋庸

只有对前途乐观的人才能不怕黑暗，才能有力量去创造光明。

——李广田

悲观的人，先被自己打败，然后才被生活打败；乐观的人，先战胜自己，然后才战胜生活。

——汪国真

一个人用同情的了解、仁爱的态度，来观察人生、欣赏事物，就是真正的乐观者。

——贺麟

乐观就是从一个灾难中看到一个希望，悲观就是从一个希望中看到一个灾难。

——谚语

自省

反躬自省和沉思默想只会充实我们的头脑。

——（法）巴尔扎克

反省是一面莹澈的镜子，它可以照见心灵上的玷污。

——（苏联）高尔基

自我批评，这是一所严酷的培养良心的学校。

——（法）罗曼·罗兰

和自己的心进行斗争是很难堪的，但这种胜利则标志着你是深思熟虑的人。

——（古希腊）德谟克利特

成功后的反省也是必要的。

——（日）本田宗一郎

闭心自慎，终不失过兮。秉德无私，参天地兮。

——屈原

见善，修然必以自存也；见不善，愀然必以自省也。

——荀子

君子博学而日参省乎己，则知明而行无过矣。

——荀子

人之洗濯其心以去恶，如沐浴其身以去垢。

——朱熹

心 态 篇

人以铜为镜，可以正衣冠；以古为镜，可以见兴替；以人为镜，可以知得失。

——李世民

闻善言则拜，告有过则喜。

——林逋

明是非者检人，思忧患者检身。

——林逋

以责人之心责己，则寡过。

——林逋

好与人争，滋培浅而前程有限；必求自反，蓄积厚而事业能伸。

——陈希夷

悔前莫如慎始，悔后莫如改图，徒悔无益也。

——吕坤

常看得自家未必是，他人未必非，便有长进。

——吕坤

终身不照镜，终身不认得自家，乍照镜，犹疑我是别人，常磨常照，才认得本来面目，故君子不可无友。

——吕坤

省躬知任重，宁止冒荣非。

——沈佺期

凡诲人者，必先自省。

——钱琦

以人为鉴，明白非常，是使人能够反省的妙法。

——鲁迅

我的确时时解剖别人，然而更多的是更无情面地解剖我自己。

——鲁迅

树老怕空，人老怕松，戒空戒松，从严以终。

——华罗庚

不要随心所欲，要随心教育自己。

——证严法师

见善则迁，有过则改。

——《周易·益篇》

躬自厚而薄责于人，则远怨矣。

——《论语·卫灵公》

内省不疚，夫何忧何惧。

——《论语·颜渊》

见贤思齐焉，见不贤而内自省也。

——《论语·里仁》

直言不闻，则己之耳目塞。

——《傅子·通志》

惟以改过为能，不以无过为贵。

——《资治通鉴·唐纪》

君子之遇艰阻，必反求诸己，而益自修。

——《二程全书·伊川·易传三》

前事不忘，今之良鉴也。

——《抱朴子》

日日知非，日日改过。

——《琼琚佩语·修己》

心 态 篇

自家有过,人说要听;当局者迷,旁观者醒。

——《养正遗规》

白日所为,夜来省己,是恶当惊,是善当喜。

——《养正遗规》

见人恶,即内省;有则改,无加警。

——《弟子规》

最困难的事情就是认识自己。

——谚语

自己的鞋子,自己知道紧在哪里。

——谚语

自知之明是最难得的知识。

——谚语

只有在人群中间,才能认识自己。

——谚语

不会评价自己,就不会评价别人。

——谚语

天上的繁星数得清,自己脸上的煤烟却看不见。

——谚语

莫笑别人背驼,自己把腰挺直。

——谚语

最灵敏的人也看不见自己的背脊。

——谚语

虚荣

　　轻浮的虚荣是一个不知餍的饕餮者，它在吞噬一切之后，结果必然牺牲在自己的贪欲之下。

——（英）莎士比亚

　　爱好虚荣的人，用一件富丽的外衣遮掩着一件丑陋的内衣。

——（英）莎士比亚

　　无论乌鸦怎样用孔雀的羽毛来装饰自己，乌鸦毕竟是乌鸦。

——（苏联）斯大林

　　虚荣心首先以社会为对象，名誉心则首先以自身为对象。与虚荣心相比，名誉心是对自身品格的认识。

——（日）三木清

　　虚荣心很难说是一种恶行，然而一切恶行都围绕虚荣心而生，都不过是满足虚荣心的手段。

——（法）博格森

　　虚荣心如果过度，那么无论任何活动所带来的乐趣都会被自身的原因所扼杀，倦怠和厌烦也不可避免地由此产生。

——（英）罗素

　　虚荣是贪得无厌的第六感觉。

——（英）卡莱尔

心 态 篇

虚荣是虚伪的产物。

——（英）卡莱尔

宁愿因你的所作所为被怀恨，也不要以不实际的虚名而受爱戴。

——（法）纪德

虚荣是使我们装扮成不是我们本来的面目以赢得别人的赞许，虚伪却鼓动我们把我们的罪恶用美德的外表掩盖起来，企图避免别人的责备。

——（英）菲尔丁

有些人的虚荣心，比为了保全生命所必需的分量更多，对于这种人，虚荣心所起的作用何等恶劣！这些人竭力使别人不愉快，想借此引起别人的钦佩。他们设法要出人头地，结果反而更不如人。

——（法）孟德斯鸠

虚荣心强的人，时而批评自己，时而夸赞自己，借此从中渔利，谦虚的人却自始至终不为自己吭一声。

——（法）拉封丹

每一个人的虚荣是和他的愚蠢程度相等的。

——（英）波普

人类的虚荣心会使面对难题的头脑僵硬起来。

——（英）雪莱

牺牲眼前的一些虚荣，日后就会大有收获。当荣誉一时尚未确定归属的时候，某些虚荣心比你更强的人就会跃跃欲试，把荣誉据为己有。但是过后，甚至心怀嫉妒的人，也会倾向给你公正的评价，拔下那些冒名插上的羽毛，把它奉还给真正的主人。

——（美）富兰克林

永远不要企图掩饰自己知识上的缺陷，即便用最大胆的推测和假设去掩饰，这也是要不得的。不论这种肥皂泡的色彩多么使你们炫目，但肥皂泡必然是要破裂的，于是你们除了惭愧以外，是会毫无所得的。

——（俄）巴甫洛夫

很多人足够聪明，有满肚子的学问，可是也有满脑子的虚荣心，为着让眼光短浅的俗人赞赏他们是才子，他们简直不知羞耻，对他们来说，世间没有什么东西是神圣的。

——（德）歌德

人不可为了荣华与虚名给自己招来危险。

——（古希腊）伊索

我们虚荣到如此地步：甚至会计较那些我们不屑一顾的人们的看法。

——（德）埃申巴赫

赞美令我羞惭，因为我暗自乞求得到它。

——（印度）泰戈尔

我们向外界追求自己的幸福。我们明知一些人是拍马专家，明知他们伪善、不公、充满妒忌、任性和偏见，却还在他们的看法中追求自己的幸福，多么荒谬！

——（法）拉布吕耶尔

人类生活中的虚荣浮华就像是一条河流，后浪推前浪，不断逝去，又不断涌来。

——（英）蒲柏

没有虚荣的生活几乎是不存在的。

——（俄）列夫·托尔斯泰

爱名声是最强的虚荣心。

——（美）桑塔亚那

心 态 篇

虚荣心驱使我们去做的事，比理智促使我们做的事要多。

——（法）拉罗什夫科

虚荣啊，虚荣！一些崇高的幻想，要是违背了大自然，也就使得它们的目标显得滑稽可笑了。

——（智利）加夫列拉·米斯特拉尔

人以言自夸者，但欲人羡己，而不知人之笑之。

——李惺

虚荣心伪道德的坏处，较之不道德尤甚。

——陈独秀

虚荣心的伤害是最大的，也是最小的，全看你在乎的程度。

——周国平

许多人不关心自己的感觉，他们更关心的是别人对自己的感觉。虚荣心的作用如此巨大，以至从某种意义上讲，我们是在为别人而活着。

——胡平

一切恶行都围绕虚荣心而生。

——谚语

嫉妒

嫉妒者必定是靠打听闲事的。他们之所以特别关心别人，并非因为事情与他们的切身利害有关；而是为了通过发现别人的不愉快，来使自己得到一种赏心悦目的愉快。

——（英）培根

自己无德的人，常妒他人的美德。

——（英）培根

凡是轻浮与虚荣而事事好胜的人，常是善嫉妒的。

——（英）培根

嫉妒能把凶险和灾难投射到它眼光所注视的地方。

——（英）培根

嫉妒这恶魔总在暗处，悄悄地毁掉人间的好东西。

——（英）培根

有嫉妒心的人，自己不能完成伟大事业，便尽量去低估他人的伟大，贬抑他人的伟大性使之与他本人相齐。

——（德）黑格尔

在嫉妒心重的人看来，没有比他人的不幸更能令他快乐，亦没有他人的幸福，更能令他不安。

——（荷兰）斯宾诺莎

心 态 篇

憎恨是积极的不快，妒忌是消极的不快。所以妒忌很容易转化为憎恨，就不足为怪了。

——（德）歌德

忌妒我的人在不知不觉中颂扬了我。

——（黎巴嫩）纪伯伦

像空气一样轻的小事，对于一个嫉妒的人，也会变成天书一样坚强的确证；也许这就可以引起一场是非。

——（英）莎士比亚

多疑的人，往往不是因为有了什么原因而嫉妒，他们只是为嫉妒而嫉妒。

——（英）莎士比亚

善妒者必惹忧愁。

——（英）莎士比亚

妒忌是条蛆虫，它会蛀蚀和毁害人。

——（苏联）阿·巴巴耶娃

嫉妒本质上就是愚蠢和蛮不讲理的。

——（法）巴尔扎克

嫉妒真是万恶的根源，美德的蟊贼！一切罪恶都掺夹些莫名其妙的快乐，可是嫉妒只包含厌恨和怨毒。

——（西班牙）塞万提斯

不要让嫉妒的蛇钻进你的心里，这条蛇会腐蚀你的头脑，毁坏你的心灵的。

——（意大利）亚米契斯

嫉妒犹如一只苍蝇，经过身体的一切健康部分，而停止在创伤的地方。

——（俄）查普曼

一个人妒火中烧的时候，事实上就是个疯子，不能把他的一举一动当真。

——（英）萨克雷

卑劣的人比不上别人的品德，便会对那人竭力诽谤。忌妒的小人背后诽谤别人的优点，来到那人面前，又会哑口无言。

——（波斯）萨迪

妒忌对妒忌者之为害，犹如铁锈之于铁。

——（美）迪安吉利斯

善嫉的人，不但从自己所有的东西中拿掉快乐，还从他人所有的东西中拿掉痛苦。

——（英）罗素

妒忌的眼睛易受欺骗。

——（英）雪莱

啊！妒忌，你是小事的放大镜。

——（德）席勒

没有什么东西像妒忌那样会加强视力。

——（英）托·富勒

没有哪一种感情会像妒忌那样牢固地扎根于人心。

——（美）谢里登

嫉妒的人常自寻烦恼。这是他自己的敌人。

——（古希腊）德谟克利特

心 态 篇

妒忌就是承认自己不如人。

——（法）雨果

嫉妒是源于我们自身的一种坏毛病，要比别人加在我们身上的痛苦更坏。

——（法）雨果

不要妒忌。最好的办法是假定别人能做的事，自己也能做，甚至做得更好。

——（美）巴鲁克

什么是嫉妒？那是针对别人的价值而产生——一种心怀憎恶的欣羡之情。

——（日）阿部次郎

对心胸卑鄙的人来说，他是嫉妒的奴隶；对有学问、有气质的人而言，嫉妒化为竞争心。

——（英）波普

嫉妒丛生于缺少才能与意志的地方。

——（瑞士）希尔泰

嫉妒是心灵上的肿瘤。

——艾青

对有的人来说，一个仇人也是一座监狱，那人的一举一动都成了层层铁窗，天天为之而郁闷愤恨、担惊受怕。有人干脆扩而大之，把自己的嫉妒对象也当作了监狱，人家的每项成果都成了自己无法忍受的刑罚，白天黑夜独自煎熬。

——余秋雨

在人类心理中，也许没有比嫉妒更奇怪的感情了。一方面，它极其普遍，几乎是人所共有的一种本能。另一方面，它又似乎极不光彩，人人都要把它当作一桩不可告人的罪行隐藏起来。结果，它便转入潜意识之中，犹如一团暗火灼烫着嫉妒者的心，这种酷烈的折磨真可以使他发疯、犯罪乃至杀人。

——周国平

处世篇

成功

躺在成就上就像行进时在雪地里一样危险，你昏昏沉沉，在熟睡中死去。

——（英）维特根斯坦

如果一个人能自信地往理想迈进，努力过自己梦想中的生活，他会得到意想不到的成功。

——（美）梭罗

我所见过成功的人，都满怀希望、心情愉快。他们总是微笑地面对工作，和一般人一样地接受改变与机会。

——（英）金斯利

永远要记得，成功的决心远胜于任何东西。

——（美）林肯

成功与其靠外来的帮助，还不如靠自力更生。

——（美）林肯

在成名的道路上，流的不是汗水而是鲜血；成功者的名字不是用笔而是用生命写成的。

——（波兰）居里夫人

只有把抱怨环境的心情，化为上进的力量，才是成功的保证。

——（法）罗曼·罗兰

当你做成功一件事，千万不要等待着享受荣誉，应该再做那些需要

处 世 篇

的事。

——（法）巴斯德

如果你希望成功，当以恒心为良友，以经验为参谋，以当心为兄弟，以希望为哨兵。

——（美）爱迪生

什么是成功的秘诀，很简单，无论何时，不管怎样，我也绝不允许自己有一点点灰心丧气。

——（美）爱迪生

拼命去争取成功，但不要期望一定会成功。

——（意大利）法拉第

成功的第一个条件就是要有决心；而决心要下得迅速、干脆、果断，又必须具有成功的信心。

——（法）大仲马

成功好比一架梯子，"机会"是梯子两侧的长柱，"能力"是插在两个长柱之间的横木。只有长柱没有横木，梯子没有用处。

——（英）狄更斯

A=X+Y+Z，A 代表成功，X 代表艰苦的工作，Y 代表休息，Z 代表少说废话。

——（美）爱因斯坦

成功的秘诀，在永不改变既定的目标。

——（法）卢梭

只要我们想要把事情做好，总会获得成功。

——（法）卢梭

要记住：历史上所有伟大的成就，都是由于战胜了看来是不可能的事情而取得的。

——（英）卓别林

凡不能获得他人信任的人，永远难求成功。

——（法）纪德

如果你要获得成功，就应当以恒心为友，以经验为顾问，以耐心为兄弟，以希望为守护者。

——（美）爱默生

成功者与失败者之间的区别，常在于成功者能由错误中获得益，并以不同的方式再尝试。

——（美）爱默生

在成功面前，首先应该想到的是获得成功之前的挫折和教训，而不是成功的赞扬和荣誉。

——（俄）巴甫洛夫

成功只有一种——按自己的意愿过一生。

——（英）马洛

勤劳工作、诚恳待人是迈向成功的唯一途径。这与没有尝过辛苦，而获得成功的滋味迥然不同。

——（日）松下幸之助

你成功，你要认为是你的运气很好。你失败，你要认为是你的力量不足够，那样的话，你就要不断提高自己的水平。

——（日）松下幸之助

避免失败的最稳当办法，就是下决心获得成功。

——（法）孟德斯鸠

最有希望的成功者，并不是才干出众的人，而是那些最善利用每一

处 世 篇

时机去发掘开拓的人。

——（古希腊）苏格拉底

一时的成就是以多年的失败为代价而取得的。

——（英）勃朗宁

成功毫无技巧可言。只不过是对工作尽力而为。

——（美）卡耐基

有些人因其见识而成功；有些人因其行事而成功；少数人因其人品而成功。

——（美）哈伯德

切记，成功乃是辛劳的报酬。

——（古希腊）索福克勒斯

活得好、笑得多、爱得深的人就是成功者。

——（美）斯坦利夫人

只有具备真才实学，既了解自己的力量又善于适当而谨慎地使用自己力量的人，才能在世俗事务中获得成功。

——（德）歌德

不会从失败中找寻教训的人，他们距离成功之路是遥远的。

——（法）拿破仑

天下绝无不热烈勇敢地追求成功，而能取得成功的人。

——（法）拿破仑

成功是大胆之子。

——（英）迪斯累里

不要听信那些向你说成败在天而不可强求一类的胡说。

——（英）莎士比亚

成功的秘诀，是在养成迅速去做的习惯，要趁着潮水涨得最高的一刹那，不但没有阻力，而且能帮助你迅速地成功。

——（英）劳伦斯

一个人要有大的成功，就不得不有点谋略。

——（美）德莱塞

成功的唯一途径就是，认清自己的缺点，然后努力克服它。

——（韩）郑周永

很多人都梦想成功。可是我认为，只有经过反复的失败和反思，才会达到成功。实际上成功只代表你的努力的 1%，它只能是另外 99% 的被称为失败的东西的结晶。

——（日）本田宗一郎

坚持、热衷是成功的钥匙。你应该了解你的能力范围，以及你最擅长的事情，然后把你的时间和精力投入其中。

——（美）比尔·盖茨

坚持和毅力是成功的万能药。

——（美）雷蒙·克罗克

年纪越大就越相信一个人超越他人，取得成功和成绩的必要因素就是巨大的自律能力。

——（美）雷蒙·克罗克

高智商和成功并非一回事，我们时常碰到无所作为的高智商者和大有作为的智商平平者。

——（美）雷蒙·克罗克

成功来自多听少说。

——（美）洛克菲勒

处 世 篇

成功的生活是平衡的,无论是在思想上、行为上、休息上、娱乐上,各方面都是如此。懂得生活艺术的人,既不会工作到累得要死,也不至于乐得精疲力竭。

——(美)康拉德·希尔顿

成功不是物质上的,而在于才智发挥中得到的满足。善于发挥自己才智的人一定能够享受成功的喜悦。

——(美)康拉德·希尔顿

一个人要想成功,就要立志做最优秀的人,如此一来,在没有超过自己的身边人之前,就会严于律己,时时警惕自己不要懒散。

——(美)齐瓦勃

哲学家们告诉我们,做我们所喜欢的,然后成功就会随之而来。

——(美)沃伦·巴菲特

那些有成功欲望的人,无论胜利还是失败,都会说:再来一次!

——(美)菲尔·耐克

成功是结果,而不是目的。

——(法)福楼拜

每一个成功者的诀窍,在于坚定不移的志向和坚持不懈的工作。

——(印度)马尔顿

成功之道不过是凡事全力以赴,把事情做好,不稍存沽名钓誉之心。

——(美)朗费罗

通往成功之路甚少,而且每条路都相隔甚远,你一旦觅得了其中一条,就必须站稳脚跟,坚持到底。

——(加)金克雷·伍德

凡事皆有终结。因此耐心是赢得成功的一种手段。

——（苏联）高尔基

在他人所轻蔑的事上获得成功，是了不起的事。因为这必须克服他人和自己。

——（法）蒙泰朗

成功的唯一诀窍，是坚持到最后一分钟。

——（古希腊）柏拉图

只要我们想要把事情做好，总会获得成功。

——（法）卢梭

最困难之时，就是我们离成功不远之日。

——（古罗马）恺撒

有很多人是用青春的幸福作为成功的代价的。

——（奥地利）莫扎特

成功常常属于最强有力的人。

——（法）伏尔泰

成功并不是重要的，重要的是努力。

——（法）加弗罗

成败极知无定势，是非元自要徐观。

——陆游

不安于小成，然后足以成大器；不诱于小利，然后可以立远功。

——方孝孺

人生的路上本是布满荆棘，但是，成功者用希望之光照亮他的旅途，用忍耐的火烧净了那些荆棘。

——茅盾

处 世 篇

　　成功之花，人们是惊慕她现时的明艳，然而当时她的芽儿却浸透了奋斗的泪泉，注满了牺牲的血雨。

　　　　　　　　　　　　　　　　　　　　——冰心

　　一朵成功的花都是由许多苦雨、血泥和强烈的暴风雨的环境培养成的。不是一朝成功的人，他的事业不是一朝可以破坏或失败的。

　　　　　　　　　　　　　　　　　　　　——冼星海

　　人们确实常常把目光投向成功者，但自己却又忍受不了为了成功而积聚力量的漫长而艰苦的准备。或者说，许多人自感到成功过于渺茫，而不愿再花力气呢！

　　　　　　　　　　　　　　　　　　　　——胡廷楣

　　每一个人都多多少少有点惰性。一个人的意志力量不够推动他自己，他就失败，谁最能推动自己，谁就最先得到成功。

　　　　　　　　　　　　　　　　　　　　——罗兰

　　一个人这一生是否成功，不在你做哪一类的工作，而在你是否肯认真地把自己发动起来，花力气和工夫去工作。

　　　　　　　　　　　　　　　　　　　　——罗兰

　　不要急于知道什么才是成功，哪里才是巅峰。你只需要知道自己灵魂中最可贵、最有把握的那一点是什么，然后把它发掘出来，把它发扬光大。慢慢地，你自会走向成功。不管别人是否比你更聪明，更伟大，成就更高。只要你尽量发挥你自己的天赋专长，你自会有属于你自己的成就。

　　　　　　　　　　　　　　　　　　　　——罗兰

　　成功的意义应该是发挥了自己的所长，尽了自己的努力之后，所感到的一种无愧于心的收获之乐，而不是为了虚荣心或金钱。

　　　　　　　　　　　　　　　　　　　　——罗兰

在这世界上，有谁不想获得成功？大家都想获得成功，大家都挤在一条道上，则每个人成功的机会就极小。聪明的办法就是反其道而行之。人群拥挤的大道，你莫去凑热闹。荆棘丛生的荒野，倒不妨闯一闯。

——蔡文

不能忍，则不足以任败；不任败，则不足以成事。

——辛启泰

什么是成功的人？就是今天比昨天更有智慧的人，今天比昨天更慈悲的人，今天比昨天更懂得爱的人，今天比昨天更懂得生活美的人，今天比昨天更懂得宽容的人。

——林清玄

成功是优点的发挥，失败是缺点的积累。

——证严法师

人生最大的成就是从失败中站起来。

——证严法师

成功没有绝对的方程式，但失败都有定律：减低一切失败的因素就是成功的基础。

——李嘉诚

成功的人，一生都在不断编制自己的无字天书，有些人穷一生精力去找寻这本无字天书。

——李嘉诚

失败

一经打击就灰心泄气的人,永远是个失败者。

——(英)毛姆

冒险中孕育着失败,对成功的追求孕育着失败。要不失败,除非永不冒险,永不追求。挖掘出自身最大的潜能,人性才能得到充分施展,而这一工作时刻都有失败的危险。

——(美)海厄特

失败也是我所需要的,它和成功对我一样有价值。只有在我知道一切做不好的方法以后,我才知道做好一件工作的方法是什么。

——(美)爱迪生

没有失败,只有成功路上的几块绊脚石。从你的错误中汲取教训,继续前行。

——(美)克利福德·库泊

我的那些最重要的发现是受到失败的启示而做出的。

——(英)戴维

不会从失败中寻找教训的人,他成功之路是遥远的。

——(法)拿破仑

默认自己无能,无疑是给失败制造机会!

——(法)拿破仑

许多赛跑的失败,都是失败在最后的几步。跑"应跑的路"已经不容易,"跑到尽头"当然更困难。

——(古希腊)苏格拉底

你听说过胜利是很好的,是吗?我告诉你失败也很好,失败者和胜利者具有同样的精神。

——(美)惠特曼

因失误而造成的失败,是金钱买不到的经验。

——(美)哈伯德

如果我们过分爽快地承认失败,就可能使自己发觉不了我们非常接近于正确。

——(奥地利)卡尔·波普尔

失败可能是变相的胜利,最低潮就是高潮的开始。

——(美)朗费罗

失败后,要诚实地对待自己,这是最关键的。只有坦率地处理好为什么失败这个问题,才能使失败成为成功之母。

——(英)海厄特

失败实在不是什么稀罕事——最优秀的人也会失败,可贵的是从失败中学到东西。

——(英)海厄特

从不获胜的人很少失败,从不攀登的人很少跌跤。

——(美)惠蒂尔

不要怕承认失败,要从失败的经验中进行学习。

——(苏联)列宁

单靠压力去慑服别人常常要失败,重要的是要运用耐心和技巧。

——(古希腊)伊索

处 世 篇

想匆匆忙忙地去完成一件事以期达到加快速度的目的，结果总是要失败。

——（古希腊）伊索

灰心生失望，失望生动摇，动摇生失败。

——（英）培根

我主要关心的，不是你是不是失败了，而是你对失败是不是甘心。

——（英）培根

千万人的失败，失败在做事不彻底，往往做到离成功还差一步，便终止不做了。

——（英）莎士比亚

失败之前无所谓高手；在失败的面前，谁都是凡人。

——（俄）普希金

我们从失败中学到的东西要比从成功中学到的东西多得多。

——（英）斯迈尔斯

失败往往是黎明前的黑暗，继之而出现的是成功的朝霞。

——（英）霍奇斯

这世界除了心理上的失败，实际上并不存在什么失败，只要不是一败涂地，你一定会取得胜利的。

——（英）奥斯丁

人生求胜的秘诀，只有那些失败过的人才了若指掌。

——（英）柯林斯

在我年轻时，我所做的事，十中有九都是失败的，为了不甘于失败，我便十倍努力工作。

——（英）萧伯纳

一个人精神上失败了，那才是一败涂地了。

——（美）德莱塞

在我们回顾自己的一生时，我们看到的宛若一个破碎物体的许多碎片。因为首先映入我们眼帘的，是我们的差错和失败，而且在我们的想象中，这一切都盖过了我们的业绩和成就。

——（德）歌德

什么是失败？无非是迈向更好境界的第一步。

——（英）菲利普斯

事实上，即使是有丰功伟绩的人，也不敢说自己不曾失败过。正因为有过多次的失败，才会得到多次的经验；经过几次教训后，才能够成熟起来。如果不肯承认失败，就永远不会进步。要在失败面前强调客观原因，抱怨他人，只会使自己一再地处在失败和不幸的旋涡之中。

——（日）松下幸之助

成功要大肆庆祝，失败也不必耿耿于怀。不幸失败，也不妨穿上一身戏装，唱一首歌曲，其他人也会跟着你一起演唱。要随时随地设计出自己的新噱头。所有这一切将比你想象得更重要、更有趣，而且会迷惑对手。

——（美）山姆·沃尔顿

不必留恋过去的成功，不应计较眼前的失败，不要畏惧未来的艰难，失败不过是给人们重新开始和更聪明行事的机会。一次老老实实的失败并不是耻辱。

——（美）亨利·福特

失败是一所学校，真理在里面总是变得强有力。

——（美）比彻

处 世 篇

在人生的早期，经历一些失败，有着极大的实际好处。

——（英）赫胥黎

对于不屈不挠的人来说，没有失败这回事。

——（德）俾斯麦

一个人失败的最大原因，是对自己的能力缺乏充分的信心，甚至以为自己必将失败无疑。

——（美）富兰克林

失败对我们是有好处的，我们得祝福灾难，我们是灾难之子。

——（法）罗曼·罗兰

轻敌，最容易失败。

——鲁迅

迟疑是失败之母。

——茅盾

最凄凉的不是失败者的哀鸣，而是成功者的悲叹。在失败者心目中，人间尚有值得追求的东西：成功。但获得成功仍然悲观的人，他的一切幻想都破灭了，他已经无可追求。失败者仅仅悲叹自己的身世；成功者若悲叹，必是悲叹整个人生。

——周国平

欲望

别意欲超乎你的能力以外的东西：意欲超过能力以外的人们有着一种恶劣的虚伪。

——（德）尼采

放纵欲望可使青年贪欲；扼制欲望可使青年安生。

——（埃及）艾哈迈德·爱敏

欲望是人遭受磨难的根源。诚然，欲望可以使人得到欢乐和幸福；但这欢乐、幸福的背后却是苦难，乐极是要生悲的；一切欲望实现之后，却也免不了灾难。假如人能够遏制住自己的种种欲望，过着无求的生活；那么，他才算主宰了自己的生活，掌握了自己的命运。

——（埃及）西巴伊

欲望不满足的人，得一寸想进一尺，就像在香花绿树中游玩的苍蝇。馨香的花朵，甘美的果实，原来可以尽情享受。怎奈不知足的苍蝇偏偏要去吃象耳中流出来的臭水。等到象耳扇动，苍蝇便死在象耳下了。

——（波斯）伊本·穆加发

人一旦成为欲念的奴隶，就永远也解脱不了了。

——（泰）高吉迪

现代文明似乎把各种欲望，尤其是本能的欲望、权力欲和所有欲，从人的生命中无限制地引诱出来，似乎还要增大，欲望的放纵会产生人们之间的对立抗争，导致生命和自然的破坏。这似乎是现代的一个横

处 世 篇

断面。

——（日）池田大作

假如我们完全弄清了我们的欲望是什么，我们大概就不会那样热烈地欲求那些东西了。

——（法）拉罗什福科

根除第一个欲望远比满足所有随后的欲望容易。

——（法）拉罗什福科

扩大自己的欲望，无异于将悬崖下的深谷挖得更深，事情就是如此。

——（法）巴尔扎克

生活中有两种悲剧：一种是丧失你心里的欲望，另一种是实现这种欲望。

——（英）萧伯纳

好吃是对于美味无节制的欲望或爱好；酗酒是对于醇酒无节制的欲望或爱好；贪婪是对于资财无节制的欲望或爱好。

——（荷兰）斯宾诺莎

欲望的大树呀，你以快乐作为肥料，随着你树皮的增厚加硬，你的树梢希望与太阳接近。

——（法）波德莱尔

我把人的欲望比作一道激流。你愈筑堤阻拦它，它便愈令人可怕，会悄悄地最后把最坚固的堤岸冲垮；它会不断地造成某些缺口。

——（法）泰·德萨米

不行动而光是欲望，会产生腐败。

——（法）摩路瓦

了无欲望的人总会不受拘束。

——（法）拉布莱

我们的欲望总是随着我们的所有物而增加。

——（英）塞缪尔·约翰逊

食不过绝，欲不过多，冬不极温，夏不极凉。

——葛洪

过载者沉其舟，欲胜者杀其身。

——葛洪

一念之欲不能制，而祸流于滔天。

——程颐

欲路上事，毋乐其便而姑为染指，一染指便深入万仞。

——洪应明

欲望，我们不劝人消除，因为如果人人对现在环境表示满足，世界就不会有进步了。欲望应该无止境，但要有段落。

——梁得所

机遇

时机好像一个永不停止颠簸的筛子,那些信仰不坚,犹豫迟疑的人,经不起几摇,就会从小孔中漏掉,被这无情的筛子淘汰掉。

——(德)费德

机会老人先给你送上它的头发,当你没有抓住再后悔时,却只能摸到它的秃头了。

——(英)培根

聪明人制造的机会比他找到的多。

——(英)培根

人们总是把自己的处境归咎于机会不好。我不相信机会。在这个世界上取得成功的人,是那些努力去寻找他们想要的机会的人。如果找不到机会,他们就自己去创造机会。

——(英)萧伯纳

如果在时机成熟前强趁时机,你无疑将洒下悔恨的泪滴;但如你一旦把成熟的时机错过,无尽的痛苦将使你终生哭泣。

——(英)布莱克

生活中必须见机行事:时而用软的一手,时而用硬的一手,有时则要当机立断,干净利落,豁出去干一下!

——(苏联)高尔基

生活就好比打仗，它的规律很简单，不要坐失良机。

——（苏联）高尔基

没有机会！这真是弱者的最好供词。

——（法）拿破仑

凡是那些需要当机立断，果敢执行的计划，我们对于身边的过分顾虑，几乎是成功的唯一阻碍。

——（法）大仲马

谁若是有一刹那的胆怯，也许就放走了幸运在这一刹那间对他伸出来的香饵。

——（法）大仲马

当机会呈现在眼前时，若能牢牢掌握，十之八九都可以获得成功；而能克服偶发事件，并且替自己找寻机会的人，更能可以百分之百的获得胜利。

——（美）卡耐基

等待机会，是一件极笨拙的行为。你不要以为机会像一个到你家里来的客人，他在你的门前敲着门，等待你开门把它迎接进来。恰恰相反，机会是一件不可捉摸的活宝贝，无影无形，无声无息，它有时潜伏在你努力工作中，有时徘徊在无人注意的境地里，你假如不用苦干的精神，努力去寻求，也许永远遇不着它！

——（美）卡耐基

生命很快就过去了，一个时机不会出现两次。必须当机立断，不然就永远别要。

——（法）罗曼·罗兰

人们通常觉得准备的阶段是在浪费时间，只有当真正的机会来临，

处 世 篇

而自己没有能力把握的时候，才觉悟自己平时没有准备才是浪费了时间。

——（法）罗曼·罗兰

一个人如果有了迅速的判断力和坚决的自信力，他的机会之多，远非那犹豫不决、模棱两可的人可比拟。

——（德）俾斯麦

生活只不过是不断地给人一些机会，好让人能活下去。

——（哥伦比亚）加西亚·马尔克斯

如果你糟蹋了你的机会，那是你自己的过错。

——（尼日利亚）哈吉·阿布巴卡·伊芒

成千上万的小事落在我们的手心里，各式各样的小机会每天发生，它都留给我们自由运用和滥用，而它依旧默默走它的路，一无改变。

——（美）海伦·凯勒

在任何人面前多少总是有机会的，问题在于是你去抓住它，还是不去抓住它，这就是人生的十字路口。

——（日）德田虎雄

发现的历史表明，机遇起着重要的作用，但另一方面，即使在那些因机遇而成功的发现中，机遇也仅仅起到一部分的作用。

——（英）贝费里奇

不管你知道多少金玉良言，不管你具备多好的条件，在机会降临时，你若不具体地运用，就不会有进步。

——（美）威廉·詹姆斯

快跑的未必能赢，力战的未必得胜，智慧的未必得粮食，明哲的未必得资财，灵巧的未必得喜悦。所临到众人的，是在乎当时的机会。

——（法）雨果

乘着顺风，就该扯篷。

——（西班牙）塞万提斯

要想利用风驰电掣的机会，不仅要做好物质上的准备，更重要的是要做好精神上的准备。

——（古罗马）塞涅卡

显赫的声名总是无数的机缘凑成的，机缘的变化极其迅速，从来没有两个人走同样的路子成功的。

——（法）巴尔扎克

人们若是一心一意地做某一件事，总是会碰到偶然的机会的。

——（法）巴尔扎克

最能干的人并不是那些等待机会的，而是运用机会、摄取机会、征服机会，以机会为奴仆的人。

——（法）巴尔扎克

一个人不论干什么事，失掉恰当的时节，有利的时机就会前功尽弃。

——（古希腊）柏拉图

人类假如不能利用机会，机会就会随着时光的波浪流向茫茫的大海里去，而变成不会孵化的蛋了。

——（英）乔治·爱利渥特

一个人非常重要的才能在他善于抓住迎面而来的机会。

——（法）蓬皮杜

伟大的事业降临到渺小人物的身上，仅仅是短暂的瞬间。谁错过了这一瞬间，它绝不会再恩赐第二遍。

——（奥地利）茨威格

处 世 篇

一个明智的人总是抓住机遇,把它变成美好的未来。

——(英)托·富勒

在某些情况,人生的逆浪必须是强有力的游泳家才能突破。但是也有些人,幸运地遇到一种机会,或一股力量,帮助了他们;或者他们不知不觉地利用了这种机会或力量,因而发现一股潮流,拖着他们破浪前进。

——(美)德莱塞

机会只有在经过艰苦的劳动之后才会到来。只有那些能够经受得住日常的辛劳,并且依然能够保持生机和机警的人,最终才能赢得机会。

——(美)亨利·福特

我总是试图将每一次灾难转化为机会。

——(美)洛克菲勒

你要发现你生活与投资的优势所在。当机会来临时,对你的这种优势有充分的把握,你就全力以赴,孤注一掷。

——(美)沃伦·巴菲特

我们面临的挑战就是如何把握机遇,并使自己保持在第一的位置上。

——(美)迈克·戴尔

在别处有那么多好机会,但是我们必须集中精力使眼前这个机会更加完美。

——(美)迈克·戴尔

我完全盲目地由命运主宰,但我生平所经历的不幸,总是把我引向自己曾经努力的目标,人生的成功与失败,大都在于是否及时并且好生利用所有的机会。

——(德)维尔纳·冯·西门子

对大多数人而言，机会不止一次光顾过；它在我们门前不停地敲门。遗憾的是，多数的时候，我们不是想着别人的事，就是懒于作答。

——（美）本杰明·费尔莱斯

谁不坐等机遇的馈赠，谁便征服了命运。

——（英）马·阿诺德

弱者坐失良机，强者制造时机。

——（波兰）居里夫人

机遇总是喜欢强者，因为强者做好了一切准备，单等机遇的光临；机遇总是躲避弱者，因为它们无法忍受弱者那呆滞的眼神。

——（古希腊）苏格拉底

许多人对待机会一如孩童在海滨那样：他们让小手握满了沙子，然后让沙粒掉下，一粒接一粒，直到全部落光。

——（英）托马斯·莫尔

得时无怠，时不再来，天予不取，反为之灾。

——左丘明

飞龙御天，故资云雨之势；帝王兴运，必俟股肱之力。

——房玄龄

功难成而易败，机难得而易失。

——司马光

审度时宜，虑定而动，天下无不可为之事。

——张居正

时来天地皆同力，运去英雄不自由。

——罗隐

处 世 篇

当取不取，过后莫悔。

——施耐庵

顺风而呼者易为气，因时而行者易为力。

——桓宽

乘时如矢，待时如死。

——吕坤

人一看重机会，就难免被机会支配。

——周国平

一个人能否成功，固然要靠天才，要靠努力，但善于创造时机，及时把握时机，不因循、不观望、不退缩、不犹豫，想到就做，有尝试的勇气，有实践的决心，多少因素加起来才可以造就一个人的成功。所以，尽管说，有人的成功在于一个很偶然的机会，但认真想来，这偶然的机会能被发现，被抓住，而且被充分利用，却又绝不是偶然的。

——罗兰

机会是在纷纭世事之中的许多复杂因子，在运行之间偶然凑成的一个有利于你的空隙。这个空隙稍纵即逝，所以，要把握时机确实需要眼捷手快地去"捕捉"，而不能坐在那里等待或因循拖延。

——罗兰

不愿改变的人只能等待运气，懂得掌握时机的人便能创造机会；幸运只会降临在胆大心细、敢于接受挑战但又谨慎行事的人身上。

——李嘉诚

逆境

伟大的人物都走过了荒沙大漠，才登上光荣的高峰。

——（法）巴尔扎克

苦难对天才是一块垫脚石，对能干的人是一笔财富，对弱者是一个万丈深渊。

——（法）巴尔扎克

要使整个人生都过得舒适、愉快，这是不可能的，因此人类必须具备一种能应付逆境的态度。

——（英）罗素

人的一生，总是难免有浮沉。不会永远如旭日东升，也不会永远痛苦潦倒。反复地一浮一沉，对于一个人来说，正是磨炼。因此，浮在上面的，不必骄傲；沉在底下的，更用不着悲观。必须以率直、谦虚的态度，乐观进取、向前迈进。

——（日）松下幸之助

逆境给人宝贵的磨炼机会。只有经得起环境考验的人，才能算是真正的强者。

——（日）松下幸之助

重要的是，开头就要习惯于在不好的地方也能睡觉，这是以后不怕遇到坏床的办法。一般地说，艰苦的生活一经变成了习惯，就会使愉快的感觉大为增加，而舒适的生活将会带来无限的烦恼的。

——（法）卢梭

处 世 篇

人类学会走路，也得学会摔跤，而且只有经过摔跤他才能学会走路。
——（德）马克思

莫向不幸屈服，应该更大胆、更积极地向不幸挑战！
——（古罗马）维吉尔

不幸可以提供意想不到的可能，使人认识生活。
——（德）亨利希·曼

由一个人处理逆境的方法，往往可以看出他的胜算有多少。
——（美）魏特利

用笑脸来迎接悲惨的厄运，伟大的心胸应该表现出这样的气概：用百倍的勇气来应付一切不幸！
——（法）拉伯雷

没有哪一个聪明人会否定痛苦与忧愁的锻炼价值。
——（英）赫胥黎

开发人类智力的矿藏是少不了需要由患难来促成的。
——（法）大仲马

升平富足的盛世徒然养成一批懦夫，困苦永远是坚强之母。
——（英）莎士比亚

饥饿在没有使人完全失去知觉以前是会提起人的勇气的。
——（英）莎士比亚

跟生活的粗暴无情打交道，碰钉子、受侮辱，自己也不得不狠下心来斗争，这是好事，使人生气勃勃的好事。
——（法）罗曼·罗兰

流水在碰到抵触的地方，才把它的活力解放。
——（德）歌德

让珊瑚远离惊涛骇浪的侵蚀吗?那无疑是将它们的美丽葬送。一张小红脸体味辛苦所留下来的东西!苦难过去就是甘美的到来。

——(德)歌德

有了阴影,光明才更加耀眼。

——(德)海泽

一个人如果从来没有参观过痛苦的展览所,那么他只看见过半个宇宙。

——(美)爱默生

虽然世界多苦难,但是苦难总是能战胜的。

——(美)海伦·凯勒

每场悲剧都会在平凡的人中造就出英雄来。

——(美)斯蒂芬斯

灾难就像刀子,握住刀柄就可以为我们服务,拿住刀刃则会割破手。

——(美)洛威尔

没有播种,何来收获;没有辛劳,何来成功;没有磨难,何来荣耀;没有挫折,何来辉煌。

——(英)佩恩

生活的悲剧不在于人们受到多少苦,而在于人们错过了什么。

——(英)卡莱尔

大石横路,弱者视为行路之障碍,勇者视为进步的阶梯。

——(英)卡莱尔

困难只是穿上工作服的机遇。

——(美)凯泽

处 世 篇

　　顺境使我们的精力闲散无用，使我们感觉不到自己的力量，但是障碍却唤醒这种力量而加以运用。

——（英）休谟

　　只有来自底层的人，才能把信息传到精神的顶峰，只有经过炼狱才能打通走向天堂的道路。这条道路，每个人必须自己寻找，但是谁能在这条道路上勇往直前，谁就是领袖，并能领导别人进入自己的世界。

——（奥地利）茨威格

　　勇敢是处于逆境时的光芒。

——（奥地利）茨威格

　　黑暗对我有利，它使我能完全保持冷静。

——（法）司汤达

　　逆境是通向真理的第一条道路。

——（英）拜伦

　　在顺境中要节制，在逆境中要谨慎。

——（古希腊）佩利安德

　　逆境使天才脱颖而出，顺境会埋没。

——（德）恩格斯

　　逆境是磨炼人的最高学府。

——（古希腊）苏格拉底

　　天才在逆境中才能显出，富裕的环境反而会埋没它。

——（古罗马）贺拉斯

　　人们最出色的工作往往在处于逆境的情况下做出。思想上的压力，甚至肉体上的痛苦都可能成为精神上的兴奋剂。

——（英）贝弗里奇

顺境中的好运，为人们所希冀；逆境中的好运，则为人所惊奇。

——（英）培根

奇迹多是在厄运中出现的。

——（英）培根

并非每一个灾难都是祸；早临的逆境常是幸福。经过克服的困难不但给了我们教训，并且对我们未来的奋斗有所激励。

——（英）波普

你时刻会面临艰难、失败和痛苦，但是你必须好好干。

——（美）亨利·福特

不经巨大的困难，不会有伟大的事业。

——（法）伏尔泰

艰难往往有一位须臾不离开它的旅伴，这就是欢乐。

——（俄）果戈理

是挫折使骨头坚如燧石；是挫折使软骨变成肌肉；是挫折使人战无不胜。

——（美）比彻

只有在苦难中，才能认识自我。

——（美）希尔蒂

不认识痛苦，就不是一条好汉。

——（法）雨果

困难是一个严厉的导师。

——（美）贝克

困难产生于克服困难的努力中。

——（英）斯迈尔斯

处 世 篇

好的木材并不在顺境中生长；风越强，树越壮。

——（美）马里欧特

顺境时显现恶习，逆境时凸现美德，从希望中得到欢乐，在苦难中保持坚韧。

——（美）肯尼迪

只有把挫折当作失败加以接受时，挫折才会成为一股破坏性的力量。如果把它当作生活和事业的老师，那么，它将成为一个祝福。

——（法）拿破仑

逆境要么使人变得更加伟大，要么使他变得非常渺小。困难从来不会让人保持原样的。

——（美）诺曼·文森·皮尔

困厄逆境的砥砺和生活强者的驾驭，恰如正电和负电，一经碰撞，驾驭者就能观赏到自己胜利的火花。

——（英）柯林斯

卓越的人的一大优点是：在不利和艰难的遭遇里百折不挠。

——（德）贝多芬

成德每在困穷，败身多因得志。

——王豫

处逆境心，须用开拓法；处顺境心，要用收敛法。

——金缨

人遇逆境，无可奈何，而安之若命，是见识超群。然君子用以力学，借困衡为砥砺，不但顺受而已。

——曾国藩

谚云:"吃一堑,长一智。"吾生平长进,全在受挫辱之时,务须咬牙励志,蓄其气而长其智,切不可恭然自馁也。

——曾国藩

从来好事天生险,自古瓜儿苦后甜。

——白朴

在我们陷入困境时,最要紧的不是一味地埋怨和咒骂,因为这只会使我们变得更沮丧,更觉得无望。

——林润翰

苦难是滋养人的,把诅咒吞下去,让它化成力。

——臧克家

生活就是这样严峻,如果你不去战胜困难,困难就会吞没你。

——徐悲鸿

要想幸福,莫怕痛苦。

——陈独秀

人生处世必有不如意之时,愈不得意,愈能振作,便不难人定胜天。

——张元济

在逆境的时候,你要自己问自己是否有足够的条件。当我在逆境的时候,我认为我够!因为我勤奋、节俭、有毅力,我肯求知及肯建立信誉。

——李嘉诚

生活中总会遇到压力,须学会具备弹簧的属性:向下的压力越大,向上的冲力也就越强。

——杨小海

处 世 篇

遇到最坏的情况，那也不坏，因为从今天起再也不会比这更坏了，只会再好起来。

——林清玄

人生在世，总会遭受不同程度的苦难，世上并无绝对的幸运儿。

——周国平

人生中有顺境，也有困境和逆境。困境和逆境当然一点儿也不温馨，却是人生最真实的组成部分，往往促人奋斗，也引人彻悟。

——周国平

人生总是有灾难。其实大多数人早已练就了对灾难的从容，我们只是还没有学会灾难间隙的快活。我们太多注重了自己警觉苦难，我们太忽视提醒幸福。

——毕淑敏

人事的艰难与琢磨，就是一种考验。

——证严法师

人生处顺境好过，却险；处逆境难过，却稳。

——高攀龙

我劝青年朋友们一句话，如果你处在逆境中，切不可悲伤烦恼。你把战胜逆境看作人生的当然义务就会从斗争中得到锻炼和逐步接近胜利。如果你处在顺境中，要警惕别高兴得忘乎所以，因为顺境常常是两个逆境之间的连接点。

——邓友梅

逆境总是有的，人生就是进击。

——冯定

花繁柳密处拨得开，方见手段；风狂雨骤时立得定，才是脚跟。

——弘一法师

困难是人的教科书。

——谚语

哪里有困难，哪里就有力量。

——谚语

惜时

浪费别人的时间是谋财害命，浪费自己的时间是慢性自杀。

——（苏联）列宁

没有一种不幸可与失掉时间相比。

——（俄）屠格涅夫

明天，明天，还有明天，人们都在这样安慰自己，殊不知这个明天，就足以把他们送进坟墓。

——（俄）屠格涅夫

别虚掷你的光阴，别去听无聊的话，别试图补救无望的过失，别在愚昧、平庸和低俗的事上消磨你的生命，这些东西都是我们这个时代病态的目标和虚假的理想。认真生活吧，过属于你自己的生活，点滴都别浪费。

——（英）王尔德

对时间的慷慨，就等于慢性自杀。

——（苏联）奥斯特洛夫斯基

今天的价值，等于明天的两倍。

——（美）富兰克林

浪费时间是所有支出中最奢侈最昂贵的。

——（美）富兰克林

你热爱生命吗？那么别浪费时间，因为时间是组成生命的材料。

——（美）富兰克林

不要悲伤地窥视过去，它不会再来。及时地利用现在吧，它是属于你的。

——（美）朗费罗

世界上不知有多少能够建功立业的人，却因为把宝贵的时间轻轻放过，以致默默无闻。

——（法）莫泊桑

天下最可宝贵的，莫如时日；天下最能奢侈的，莫如浪费时日。

——（奥地利）莫扎特

消磨时间是一种多么劳累、多么可怕的事情啊，这只肉眼看不见的秒针无时不在地平线下转圈，你一再醉生梦死地消磨时间，到头来你还得明白，它仍在继续转圈，无情地继续转圈……

——（德）伯尔

没有方法能使时钟为我敲已过去了的钟点。

——（英）拜伦

人们有时为将来担忧，有时为过去懊悔，这两者都霸占了最有用的现在的时间，都对实际没有补益。

——（法）罗曼·罗兰

要惜时如金，不要等到失去了再去抓，因为时间不会停下步来。

——（英）蒙哥马利

永远不要把你今天可以做的事留到明天做。延宕是偷光阴的贼。抓住他吧！

——（英）狄更斯

没有一个人能够制造那么一口钟，来为我们敲回已经逝去的时光。

——（英）狄更斯

处 世 篇

时间带走一切，长年累月会把你的名字、外貌、性格、命运都改变。

——（古希腊）柏拉图

由于时光转瞬即逝，无法挽回，所以说它是世间最宝贵的财富。滥用时光无疑是人们最没有意义的一种消磨方式。

——（英）毛姆

时间会刺破青春表面的装饰，会在美人的脸上掘出深沟浅槽。

——（英）莎士比亚

最不会利用时间的人，最会抱怨时间不够。

——（法）拉布吕耶尔

在世界上我们只活一次，所以应该爱惜光阴。必须过真实的生活，过有价值的生活。

——（俄）巴甫洛夫

我如果无所事事地白过了一天，就会觉得自己好像犯了盗窃罪。

——（法）拿破仑

所谓没有时间，是因为没有很好地利用它。

——（英）托·富勒

取道于"等一等"之路，走进去的只能是"永不"之室。

——（西班牙）塞万提斯

我们没有学习到一些有用事物的日子，每天都是被白白浪费掉的。人拥有的东西没有比光阴更贵重、更有价值的了，所以千万不要把你今天所做的事拖延到明天去做。

——（德）贝多芬

不要把时间浪费在琐事上。我指的是闲扯和白白地消磨光阴。常常有这种情况：几个人在房间里聊大天，一个钟头过去了，无所事事，谈话中没有产生任何有益的思想，而时间却一去不复返了。

——（俄）苏霍姆林斯基

我现在的这一分钟都是经过了过去无数亿万分钟才出现的，世上再没有比这一分钟和现在更好的了。

——（美）惠特曼

时间和潮流不等待任何人。

——（英）司各特

善于选择要点就意味着节约时间，而不得要领地瞎忙，却等于乱放空炮。

——（英）培根

"现在"尽管是如何的稀松平常，也总优于过去的最高价值，因为前者是现实的，两者之间的关系，如同"有"之对于"无"。

——（德）叔本华

没有人生活在过去，也没有人生活在未来，现在是生命确实占有的唯一形态。

——（德）叔本华

我们的过去不复存在，我们的未来不见踪影；所以我们不必为过去和未来而愁苦，我们只需真实地活在现实里。

——（法）亚兰

当许多人在一条路上徘徊不前时，他们不得不让开一条大路，让那珍惜时间的人赶到他们的前面去。

——（古希腊）苏格拉底

据我观察，大部分人都是在别人荒废的时间里崭露头角的。

——（美）福特

处 世 篇

一切节约，归根到底都是时间的节约。

——（德）马克思

世上有可以挽回的和不可挽回的事，而时间经过就是一种不可挽回的事。

——（日）村上春树

百年那得更百年，今日还须爱今日。

——王世贞

光景不待人，须臾发成丝。

——李白

光阴如电逝难追，百岁开怀能几回。

——陆采

志士惜日短，愁人知夜长。

——傅玄

莫等闲，白了少年头，空悲切。

——岳飞

明日复明日，明日何其多，我生待明日，万事成蹉跎。

——文嘉

生活中常有这种事情：来到跟前的往往轻易放过，远在天边的却又苦苦追求；占有它时感到平淡无味，失去它时方觉可贵。

——丁谦

过去的，让它过去，永远不要回顾；未来的，等来了时再说，不要空想；我们只抓住了现在，用我们现在的理解，做我们所应该做的。

——茅盾

以前的成效万不要引以为功，以前的损失也不必再作无益的愧悔。"从前种种比如昨日死，以后种种比如今日生。"

——蔡元培

一切为了明日，不要迷恋昨日。

——叶圣陶

一个人在学校读书的时间是最可羡慕的一段时间，因为他没有生活的负担，时间完全是他自己的。但是很少人充分的把握住这个机会，多多少少地把时间浪费掉了。

——梁实秋

白日莫空过，青春不再来。

——林宽

少壮不努力，老大徒伤悲。

——《古乐府》

长江一去无回浪，人老何曾再少年。

——《名贤集》

光阴黄金难买，一世如驹过隙。

——《增广贤文》

光阴似箭，日月如梭。

——《增广贤文》

节约时间就是延长生命。

——谚语

节约时间胜过储存金银。

——谚语

责任

一个人怎样才能认识自己呢？绝不是通过思考，而是通过实践、尽力去履行你的职责，那你就会立刻知道你的价值。

——（德）歌德

责任就是对自己要求去做的事情有一种爱。

——（德）歌德

责任心就是关心别人，关心整个社会。有了责任心，生活就有了真正的含义和灵魂。

——（科威特）穆尼尔·纳素夫

责任感常常会纠正人们的狭隘性。当我们徘徊于迷途的时候，它会成为可靠的向导。

——（印度）普列姆昌德

人一旦受到责任感的驱使，就能创造出奇迹来。

——（美）门肯

一切责任的第一条：不要成为懦夫。

——（法）罗曼·罗兰

我的职责是，要我说出我认为公平的、合乎人道的话。无论这会使别人喜欢或厌恶，那不是我的事情。我知道，文字一旦发表了就会自动流传。我充满希望地把它们播种在血腥的泥土中，收获的季节会来到的。

——（法）罗曼·罗兰

我们生到这个世界上来是为了一个聪明和高尚的目的，必须好好地尽我们的责任。

——（美）马克·吐温

尽管责任有时使人厌烦，但不履行责任，只能是懦夫，不折不扣的废物。

——（美）刘易斯

我们的责任比我们想象的更为重大得多，因为它是和全人类都有关系的。

——（法）萨特

从被投进这个世界的那一刻起，就要对自己的一切负责。

——（法）萨特

如果你做某事，那就把它做好。如果你不会或不愿做它，那最好不要去做。

——（俄）列夫·托尔斯泰

责任并不是一种由外部强加在人身上的义务，而是我需要对我所关心的事件做出反应。

——（美）弗洛姆

人可以不伟大，但不可以没有责任心。

——（美）比尔·盖茨

企业既不能贪图暴利，也不能放弃大量供给物美价廉产品的努力。唯其如此，才是企业家永久的职责。

——（日）稻盛和夫

我们不是为自己而生，我们的国家赋予我们应尽的责任。

——（古罗马）西塞罗

处 世 篇

人能尽自己的责任，就可以感觉到好像吃梨喝蜜似的，把人生这杯苦酒的滋味给抵消了。

——（英）狄更斯

我们的使命是照亮整个世界，熔化世上的黑暗，找到自己和世界之间的和谐，建立自己内心的和谐。

——（苏联）高尔基

一个人活着，可又像没有他这么个人。当然，责任倒是小了，不是按自己的意思干，而是让人家来指挥你。没有责任，生活倒是轻松一点，不过也就没有什么意思了。

——（苏联）高尔基

所谓实业者的使命，就是消除贫困，使全社会的人都摆脱贫穷，走向富有。

——（日）松下幸之助

真正有意义的工作从来都不是轻松容易的。你所承担的责任越重，你的工作就越难做。

——（美）亨利·福特

我总是相信，一个人的幸福由自己去创造，自己的问题由自己负责，这是一个简单的哲理。

——（美）雷蒙·克罗克

高尚、伟大的代价就是责任。

——（英）丘吉尔

每个人都被生命询问，而他只有用自己的生命才能回答此问题；只有以"负责"来答复生命。因此，"能够负责"是人类存在最重要的本质。

——（奥地利）维克多·费兰克

要使一个人显示他的本质，叫他承担一种责任是最有效的办法。

——（英）毛姆

责任感与机遇成正比。

——（美）威尔逊

承受个人生命责任的意愿即是自尊自重的泉源。

——（美）珍·迪迪安

自由意味着责任，这就是为什么大多数人都畏惧它的缘故。

——（英）萧伯纳

接受责任的能力是衡量人的标准。

——（英）约翰·洛克

如果从孩提时代起就培养孩子们对家庭的和幸福的责任感，使他们认识到自己也是家中的劳动者贡献者，是一个有用的人，那么，他们一旦走上社会，就能够主动地发挥创造性的才干，为国家做出贡献。

——（英）艾森豪威尔·华威尔

每个人生下来都要从事某项事业，每一个活在地球上的人都有自己生活中的义务。

——（美）海明威

如果你总是忙于卸去昨日的包袱，那么你就无法担负起今天的责任。

——（美）纽曼·伯科威茨

只要你能自问"我是否对我的行为负责"，那么你就是负责的。

——（俄）陀思妥耶夫斯基

要做的事，当然可做，但事后要负全责。

——（日）平山芦江

一个人越敢于担当大任，他的意气就越奋发；如果一个人的胆识与能力都够的话，他没有什么该讲而不敢讲的话，没有什么该做而不敢做的事，更没有什么可以胆怯和心虚的。

——（挪威）比昂斯腾

一个人迈向成熟的第一步应该是敢于承担责任。我们生活于世，就要面对生命中的许多责任。

——（美）卡耐基

所谓自我控制，它意味着对于智慧、才能、特长等自己所具有的天生素质，进行最大限度的发挥，同时也意味着我们对所能得到的宝贵时间进行最大限度的有效利用，承担起责任。选择什么，是个人的自由。重要的是要老老实实地承担起个人责任，这也是博取人生胜利的秘诀。

——（美）丹尼斯·威特利

行动并不来自思想，而是来自愿意承担责任。

——（美）邦赫费尔

我睡去，感觉生命之美丽；我醒来，感觉生命之责任。

——（阿尔巴尼亚）特蕾莎修女

天下兴亡，匹夫有责。

——顾炎武

在家者不知有官，方能守分；在官者不知有家，方能尽分。

——金缨

凡是我受过他好处的人，我对于他便有了责任。

——梁启超

人生须知负责任的苦处，才能知道尽责任的乐趣。

——梁启超

人生于天地之间，各有责任。知责任者，大丈夫之始也；行责任者，大丈夫之终也。自放弃责任，则是自放弃其所以为人之具也。

——梁启超

一个诚挚、热心，为着光明而斗争的人，不能够不是刻苦而负责的。

——鲁迅

自己无论怎样进步，不能使周围的人们随着进步，这个人对社会的贡献是极其有限的，绝不以"孤独""进步"为满足，必须负担责任，使大家都进步，至少使周围的人都进步。

——邹韬奋

先生不应该专教书，他的责任是教人做人；学生不应该专读书，他的责任是学习人生之道。

——陶行知

知责任，明责任，负责任。

——陶行知

个人有自由选择之权，还要个人对于自己所行所为都负责任。若不如此，决不能造出自己独立的人格。

——胡适

自由与责任是一对孪生子，相生相灭，共存共亡。

——陈奎德

行为是由自己选择，生活是由自己负责，命运是由自己决定。

——李泽厚

个体只有在精神成熟的前提下，经过长期的熏陶和系统理论的指导，其信仰才可能是坚定而稳固的，才可能有高度的责任心和义务感，胸有大志，行有操持。

——顾伟康

处 世 篇

社会责任感是一种崇高的感情,这是区别家雀与海燕的东西。

——顾准

面对责任的时候,敢于说"我",这正是今天需要的时代精神。

——陈祖芬

真正的创造从来就意味着献身——去吃别人吃不了的苦头,去冒别人不敢冒的风险,去舍弃别人不愿舍弃的安逸,去承担别人不敢承担的责任!

——陈祖芬

处事

要像一个小学生那样坐在事实面前，准备放弃一切先入之见，恭恭敬敬地照着大自然指的路走，否则，就将一无所得。

——（英）赫胥黎

在我们这个时代里头，只有不道德的或是没有头脑的人才能够不要原则地过日子。

——（俄）屠格涅夫

毫无疑问，人是应当服从法则的，但更重要的是，能够在有必需的时候打破法则。

——（法）卢梭

世界上的一切都必须按照一定的规矩秩序各就各位。

——（波兰）莱蒙特

你挣得了安适的睡眠，你就会睡得好；你挣得了很好的胃口，你吃饭就会吃得很香。这儿的情形和人间是一样的——你得规规矩矩，老老实实地挣一样东西，然后才能享受它。你绝不能先享受，然后才来挣得。

——（美）马克·吐温

打破常规的道路指向智慧之宫。

——（英）布莱克

从一个角度办不到的事情，不妨从另一个角度试试看。

——（美）华特·迪斯尼

处 世 篇

要等待！一切人类的智慧都来源于这个词。最伟大的人、最有力量的人，特别是那些最机灵的人，都是善于等待的人。

——（法）大仲马

不涸泽而渔，不焚林而猎。

——刘安

不镜于水镜于人，则吉凶可鉴；不蹶于山蹶于垤，则细微宜防。

——王永彬

持身贵严不可矜，处世贵谦不可谄。

——王永彬

不能缩头者，且休缩头；可以放手者，便须放手。

——王永彬

诚信是立身之本，宽恕是接物之要。

——王永彬

大丈夫处事，论是非不论祸福；士君子立言，贵平正尤贵精详。

——王永彬

把自己太看高了，便不能长进；把自己太看低了，便不能振兴。

——王永彬

得其所利，必虑其所害；乐其所成，必顾其所败。

——刘向

不困在于早虑，不穷在于早豫。

——刘向

不实心，不成事；不虚心，不知事。

——陈继儒

百折不回之真心，万变不究之妙用。

——陈继儒

待人留不尽之恩，御事留不尽之智。

——陈继儒

安详是处事第一法，谦退是保身第一法，涵容是处人第一法，洒脱是养心第一法。

——陈继儒

不受虚言，不听浮术，不采华名，不兴伪事。

——荀悦

不以爱之而苟善，不以恶之而苟非。

——嵇康

常人安于故俗，学者溺于所闻。

——司马迁

听之谓聪，内视之谓明，自胜之谓强。

——司马迁

当断不断，反受其乱。

——司马迁

诚无悔，恕无怨，和无仇，忍无辱。

——李邦献

处富贵之时，要知贫贱的痛痒；值少壮之日，须念衰老的辛酸；入安乐之场，当体患难人景况；居旁观之地，要谅局内人苦心。

——金缨

处事须留余地，责善切戒尽言。

——金缨

处 世 篇

处人不可任己意,要悉人之情;处事不可任己见,要悉事之理。

——吕坤

各自责,则天清地宁;各相责,则天翻地覆。

——吕坤

处世不必邀功,无过便是功;与人不求感德,无怨便是德。

——洪应明

处治世宜方,处乱世宜圆。

——洪应明

得闭口时须闭口,得放手时须放手。

——冯梦龙

非理之财莫取,非理之事莫为。

——冯梦龙

不以规矩,不能成方圆。

——孟子

好事尽从难处得,少年无问易中轻。

——李咸用

好事须相让,坏事莫相推。

——王梵志

和者无仇,恕者无怨,忍者无辱,仁者无敌。

——傅昭

常制不可以待变化,一涂不可以应万方。

——葛洪

知其善而守之,锦上添花;知其恶而弗为,祸转为福!

——陈希夷

凡遇事须安详和缓以处之，若一慌忙，便恐有错。盖天下何事不从忙中错了。故从容安详，为处事第一法。

——曾国藩

做天下好事，既度德量力，又审势择人。"专欲难成，众怒难犯"，此八字者不独妄动邪为者宜慎，虽以至公无私之心，行正大光明之事，亦须调剂人情，发明事理，俾大家信从，然后动有成，事可久。盘庚迁殷，武伐纣，三令五申，犹恐弗从。盖恒情多隐于远识，小人不便于己私，群起而坏之，虽有良法，胡成胡久。

——曾国藩

世间事各有恰好处，慎一分者得一分，忽一分者失一分。全慎全得，全忽全失。小事多忽，忽小则失大，易事多忽，忽易则失难。存心君子，自得之体验中耳。

——曾国藩

处事贵熟思缓处，熟思则得其情，缓处则得其当。

——曾国藩

处有事当无事，处大事当如小事。

——曾国藩

必先蹑其卑，然后履其高。

——王符

宠位不足以尊我，卑贱不足以卑己。

——王符

处大事不辞劳怨，堪为栋梁之材；遇小故辄避嫌疑，岂是腹心之寄。

——陈希夷

装假固然不好，处处坦白，也不成，这要看是什么时候。和朋友谈

处 世 篇

心，不必留心，但和敌人对面，却必须刻刻防备，我们和朋友在一起，可以脱掉衣服，但上阵要穿甲。

——鲁迅

处大事贵乎明尔能断，处难事贵乎通而能变。

——傅昭

为人处事，善于运用巧妙的曲线只此一转，便事事大吉了！换言之，做人要讲究艺术，便要讲究曲线的美。

——南怀瑾

谋事不可不慎，见事不可不明，处事不可不恭，任事不可不勇。

——李惺庵

不管是快乐的事情还是痛苦的事情，都是我们生活中珍贵的礼物，都需要我们用心去珍惜，并用积极的心态去对待，因为这些都是我们在等待时机和追求成功过程中的一些必然要经历的过程。

——俞敏洪

处难处之事愈宜宽，处难处之人愈宜厚，处至急之事愈宜缓。

——弘一法师

手心向下是助人，手心向上是求人；助人快乐，求人痛苦。

——证严法师

世上有两件事不能等：一孝顺；二行善。

——证严法师

做好事不能少我一人，做坏事不能多我一人。

——证严法师

不怕事多，就怕多事。

——证严法师

言无二贵,法无两适。

——《韩非子·问辩》

知己知彼,不独是兵法,处人处事,一些少不得。

——《增广贤文》

合理可作,小利莫争。

——《增广贤文》

抱残守缺,变通求存。

——《易经》

治学篇

求知

只有知识才是力量，只有知识才能使我们诚实地爱人，尊重人的劳动，由衷地赞赏无间断的伟大劳动的美好成果，只有知识才能使我们成为具有坚强精神的、诚实的、有理性的人。

——（苏联）高尔基

知识不存在的地方，愚昧就自命为科学。

——（英）萧伯纳

行动是通往知识的唯一道路。

——（英）萧伯纳

心灵中的黑暗必须用知识来驱除。

——（古罗马）卢克莱修

为了求得知识，就必须不断地自修。

——（苏联）加里宁

对一件东西的爱好是由知识产生的，知识愈准确，爱好也就愈强烈。要达到这准确，就须对所有爱好的事物全体所组成的每一个部分都有透彻的了解。

——（意大利）达·芬奇

趁年轻少壮去探求知识吧，它将弥补由于年老而带来的亏损。

——（意大利）达·芬奇

无论掌握哪一种知识，对智力都是有用的，它会把无用的东西抛开而把好的东西留住。

——（意大利）达·芬奇

重要的不是知识的数量，而是知识的质量。有些人知道得很多，但却不知道最有用的东西。

——（俄）列夫·托尔斯泰

构成我们学习最大障碍的是已知的东西，而不是未知的东西。

——（俄）贝尔纳

愚昧从来没有给人带来幸福；幸福的根源在于知识。

——（法）左拉

生活的全部意义在于无穷地探索尚未知道的东西，在于不断地增加更多的知识。

——（法）左拉

倾囊求知，无人能夺。投资知识，得益最多。

——（美）富兰克林

事实上，知识就像苍穹中的太阳；随着它的光线抛洒生命和力量。

——（美）丹尼尔·韦伯斯特

对知识的渴求是人类的自然意向，任何头脑健全的人都会为获取知识而不惜一切。

——（英）塞缪尔·约翰逊

为了能在知识王国内实现一切目标，人们不得不做出超越现实能力的允诺。

——（德）尼采

毕生保持求知欲，就一定能在自己的重大使命上成就一件事。

——（日）池田大作

在争取幸福的问题上，求知欲比追求财富的欲望是更加可取的。

——（英）休谟

求知的目的不是为了吹嘘炫耀，而应该是为了寻找真理，启迪智慧。

——（英）培根

精神上的各种缺陷，都可以通过求知来改善。

——（英）培根

除了知识和学问之外，世上没有其他任何力量能在人们的精神和心灵中，在人的思想、想象、见解和信仰中建立起统治和权威。

——（英）培根

必须有所知，否则不如死。

——（法）罗曼·罗兰

不要等待运气降临，应该去努力掌握知识。

——（英）弗莱明

在这科学日益发展的时代里，如果我们及我们的子孙不加速求知，怎能赶上时代的剧变呢？

——（德）库特·阿尔德

学到很多东西的诀窍，就是不要一下子学很多东西。

——（英）约翰·洛克

好学的人必成大器。

——（美）林肯

一个热衷于追求知识的人和一个已厌倦一切，而想找一本书来消遣的人，两者之间有极大的差异存在。

——（英）切斯特顿

治 学 篇

如果没有系统的知识的帮助,先天的才能是无力的。直观能解决很多事,但不是一切。

——(英)斯宾塞

宁要知道得少些,但要知道的好些;与其知道的不好,不如完全不知道。

——(法)狄德罗

地不耕种,再肥沃也长不出果实;人不学习,再聪明也目不识丁。

——(古罗马)西塞罗

求知是一条只有起点而没有终点的路。

——(法)福柯

求知是人类的本性。

——(古希腊)亚里士多德

勇于求知的人绝不至于空闲无事。

——(法)孟德斯鸠

莫在追忆的深井中打捞冰凉的遗憾,快去知识的海洋里挖掘人生的热源。

——(英)雪莱

知识的积累是一步一步的,而不是一跳一跳的。

——(英)麦考莱

如果一个人对什么事物都一知半解,就等于完全无知。知道一点,既不会得到满足,也不会得到信任,而往往是给人带来羞辱和嘲弄。

——(英)切斯特菲尔德

知识越深化,我们就越是临近那不可知的事物。

——(德)歌德

掌握知识对于一个人来说是不够的，应当善于使知识不断发展。

——（德）歌德

知识不能单从经验中得出，而只能从理智的发现同观察到的事实两者的比较中得出。

——（美）爱因斯坦

尽管我们靠了别人的知识成了一个博学之才，但要成为一个智者则要靠自己的智慧。

——（法）蒙田

求知识于宇宙，搜学问于世界。

——鲁迅

行是知之始，知是行之成。

——陶行知

知识犹如人体的血液一样宝贵。

——高士其

不患人不知，惟患学不至。

——范质

求知识就像爬楼梯，想一下爬四五级，一步登天，会掉下来。不要生吞活剥，不求甚解，要老老实实地埋头苦干。

——华罗庚

治学问，做研究工作，必须持之以恒，不怕失败。摔倒了爬起来，想一想，再前进。

——华罗庚

读书

学会读书，便是点燃火炬；每个字的每个音节都发射火星。

——（法）雨果

各种蠢事，在每天阅读好书的影响下，仿佛烤在火上一样渐渐熔化。

——（法）雨果

读书，这个我们习以为常的平凡过程，实际是人的心灵和上下古今一切民族的伟大智慧相结合的过程。

——（苏联）高尔基

我扑在书籍上，像饥饿的人扑在面包上一样。

——（苏联）高尔基

书籍是人类进步的阶梯。

——（苏联）高尔基

读书对于我来说是驱散生活中的不愉快的最好手段。没有一种苦恼是读书所不能驱散的。

——（法）孟德斯鸠

喜欢读书，就等于把生活中寂寞的辰光换成巨大享受的时刻。

——（法）孟德斯鸠

读书是最好的学习。追随伟大人物的思想，是最富有趣味的一门科学。

——（俄）普希金

一本好书就像是一个最好的朋友。它始终不渝，过去如此，现在仍然如此，将来也永远不变。

——（英）斯迈尔斯

人们独居或隐退的时候，最能体会到读书的乐趣；谈话的时候，最能表现出读书的文雅；判断和处理事务的时候，最能发挥由读书而获得的能力。

——（英）培根

读书足以怡情，足以博采，足以长才。

——（英）培根

史鉴使人明智，诗歌使人巧慧，数学使人精细，博物使人深沉，伦理之学使人庄重，逻辑与修辞使人善辩。

——（英）培根

读书使我在普遍的野蛮中恢复文明的感觉。

——（法）司汤达

读书使人充实，思考使人深邃，交谈使人清醒。

——（美）富兰克林

当我们读书太快或太慢时，我们什么也不能理解。

——（法）帕斯卡

阅读意味着借债，在阅读中有所创见就是偿还了欠债。

——（德）利希滕贝格

蹩脚的旅行者只知道"到此一游"，蹩脚的读者只知道书的结局。

——（阿根廷）科尔顿

读书可启发心灵，就像运动有助身体健康。

——（英）斯帝勒

治 学 篇

一个人只应该读自己想读的书，如果把读书当作一个任务那就收效甚微。

——（英）塞缪尔·约翰逊

读书的艺术，在很大程度上，就是在书中重新发现生活，更准确地理解生活的艺术。

——（法）莫鲁瓦

读了好书之后，应当从中得到希望、勇气和喜悦，开阔视野。

——（日）池田大作

不读书的人，不光人要变得浅薄，也将被社会的前进步伐所抛弃。

——（日）池田大作

读书不光能补充知识，还可以通过书籍，使作者与读者在对话中，产生生命的共鸣，共同塑造人生。

——（日）池田大作

有能力而不愿读好书的人和文盲没有两样。

——（美）马克·吐温

应当首先竭力阅读和了解各个时代和各个民族的最优秀作家的书。

——（俄）列夫·托尔斯泰

理想的书籍，是智慧的钥匙。

——（俄）列夫·托尔斯泰

光阴给我们经验，读书给我们知识。

——（苏联）奥斯特洛夫斯基

在所阅读的书本中找出可以把自己引到深处的东西，把其他一切统统抛掉，就是抛掉使头脑负担过重和会把自己诱离要点的一切。

——（美）爱因斯坦

在经验的指导下读书，价值要大得多，因为经验是他们的老师的导师。

——（意大利）达·芬奇

人们对博览群书的人推崇备至，这一点足以被视为对文学的赞扬。

——（美）爱默生

两个人如果读过同一本书，他们之间就有一条纽带。

——（美）爱默生

读书不能囫囵吞枣，而要从中吸取自己需要的东西。

——（挪威）易卜生

读书是一种探险，如探新大路，如征新土壤。

——（美）杜威

读书是灵魂的壮游，随时可发现名山巨川、古迹名胜、深林幽谷、奇花异卉。

——（法）法朗士

光读书不思考也许能使平庸之辈知识丰富，但它决不能使他们头脑清醒。

——（美）约·诺里斯

别忘记，读书是取得多方面知识的最重要的手段。

——（俄）赫尔岑

书是这一代对下一代精神上的遗训。

——（俄）赫尔岑

不读书的家庭，就是精神上残缺的家庭。

——（苏联）巴甫连柯

治 学 篇

买书没有读书难,读书没有消化难。

——(美)奥斯勒

读书使人心明眼亮。

——(法)伏尔泰

课外阅读,用形象的话来说,既是思考的大船借以航行的帆,也是鼓帆前进的风。没有阅读,就既没有帆,也没有风。

——(苏联)苏霍姆林斯基

学问是光明,蒙昧是黑暗。念书吧!

——(俄)契诃夫

在读某些书时,我们的脑海主要为作者的思想所占据;而在读另一些书时,我们却沉浸在自己的思想里。

——(苏联)爱伦堡

读了一本书,就像对生活打开了一扇窗户。

——(苏联)奥斯托洛夫斯基

阅读是一项高尚的心智锻炼。

——(美)梭罗

经验丰富的人读书用两只眼睛,一只眼睛看到纸面上的话,另一只眼睛看到纸的背面。

——(德)歌德

把一页书好好地消化,胜过匆忙地阅读一本书。

——(美)考尔德

任何时候我也不会满足。越是读书,就越是深刻地感到不满足,越是感到自己知识的贫乏。

——(德)马克思

读书对于智慧,也像体操对于身体一样。

——(美)爱迪生

读书无疑者,须教有疑,有疑者,却要无疑,到这里方是长进。

——朱熹

为学之道,莫先于穷理;穷理之要,必先于读书。

——朱熹

观书亦须从头循序而进,可以浅深难易有所取舍,自然意味详密。

——朱熹

读书须是遍布周满。某尝以为宁详毋略,宁不毋高,宁拙毋巧,宁近毋远。

——朱熹

养心莫若寡欲,至乐无如读书。

——郑成功

惟有吟哦殊不倦,始知文字乐无穷。

——欧阳修

读书勿求多,岁月既积,卷帙自富。

——冯班

读书必专精不二,方见义理。

——薛煊

不尽读天下之书,不能相天下之士。

——汤显祖

读书破万卷,下笔如有神。

——杜甫

治 学 篇

外物之味，久则可厌；读书之味，愈久愈深。

——程颢

立身以立学为先，立学以读书为本。

——欧阳修

欲读天下之奇书，须明天下之大道。

——蒲松龄

专读书也有弊病，所以必须和实际社会接触，使所读的书活起来。

——鲁迅

要痊愈的病人不辞热痛的针灸，要上进的读者也决不怕恶辣的书。

——鲁迅

爱看书的青年，也可以看看本分以外的书，即课外的书，不要只将课内的书抱住。

——鲁迅

读死书会变成书呆子，甚至于成为书橱。

——鲁迅

读书无嗜好，就不能尽其多。不先泛览群书，则会无所适从或失之偏好。广然后深，博然后专。

——鲁迅

我们一面要养成读书心细的习惯，一面要养成读书眼快的习惯。心不细则毫无所得，等于白读；眼不快则时候不够用，不能博搜资料。

——梁启超

韬略终须建新国，奋飞还得读良书。

——郭沫若

人是活的，书是死的。活人读死书，可以把书读活。死书读活人，可以把人读死。

——郭沫若

读书也像开矿一样，"沙里淘金"。

——赵树理

我读书奉行九个字，就是"读书好，好读书，读好书"。

——冰心

"必读书要多，案头书要少。"我以为案头只能摆两本书，一本是精读的；另一本是泛读的，作为调剂。

——夏承焘

读书好似爬山，爬得越高，望得越远；读书好似耕耘，汗水流得多，收获更丰满。

——臧克家

只有愚昧无知的人才会随便读到一部作品就全盘接受，因为他头脑空空，装得下许多东西。

——巴金

不习惯读书进修的人，常会自满于现状，觉得再没有什么事情需要学习，于是他们不进则退。

——罗兰

读书是至乐的事。

——林语堂

知识无涯，而生命有限。既要博古，又要通今，时间实在不够用。所以，用功读书开始要早。青年不努力，便待何时？

——梁实秋

治 学 篇

读书，永远不恨其晚。晚比永远不读强。

——梁实秋

人做了书的奴隶，便把活人带死了……把书作为人的工具，则书本上的知识便活了，有了生命力了。

——华罗庚

再没有比读书更廉价的娱乐，更持久的满足了。

——蒙台居

读书是学习，摘抄是整理，写作是创造。

——吴晗

读书贵能疑，疑乃可以启信。读书在有渐，渐乃克底有成。

——《格言联璧》

古今来许多世家，无非积德。天地间第一人品，还是读书。

——《格言联璧》

读书当将破万卷，求知不叫一疑存。

——《对联集锦》

学习

人不光是靠他生来就拥有的一切，而是靠他从学习中所得到的一切来造就自己。

——（德）歌德

学习有如母亲一般慈爱，它用纯洁和温柔的欢乐来哺育孩子。

——（法）巴尔扎克

学习是快乐的来源，即使你不在意自己将来有没有成就，单以目前的生活来说，学习也一定使你觉得满足。

——（法）罗曼·罗兰

只要一个人仍然能够学习，仍然能够培养新习惯，仍然能够忍耐反驳，他都还算年轻。

——（奥地利）玛丽·冯·艾布纳

我学得愈多，生命就变得愈愉快。

——（美）索尔·森德

学习就是这个意思：突然间你领悟了某件你向来了解的事情，以一种全新的眼光。

——（德）莱辛

要建设，就必须有知识，必须掌握科学。而要有知识，就必须学习。顽强地，耐心地学习。

——（苏联）斯大林

治 学 篇

我认为努力学习直到生命的最后一刻是件美好的事。

——（法）卢梭

学习的乐趣在我的幸福中占据了主要的成分。

——（法）卢梭

人必须学习以变化气质，正如同树木须经修剪始能成形。

——（英）培根

学习永远不晚。

——（苏联）高尔基

也要向敌人学习，只要这敌人是聪明的。

——（苏联）高尔基

如果不想在世界上虚度一生，那就要学习一辈子。

——（苏联）高尔基

经常不断地学习，你就什么都知道。你知道得越多，你就越有力量。

——（苏联）高尔基

学习这件事不在乎有没有人教你，最重要是在于自己有没有觉悟和恒心。

——（法）法拉第

奇妙的学习不仅能使不愉快的事变得较少不愉快，而且也能使愉快的事变得更愉快。

——（英）罗素

正确的道路是这样：吸收你的前辈所做的一切，然后再往前走。

——（俄）列夫·托尔斯泰

你们必须向上代学习，必须掌握人类已经取得的最优秀的成果，然后再由此推陈出新。

——（苏联）加里宁

学习是一种很幸福的机会，是为了获得知识和扩大眼界就必须彻底利用的一种机会。

——（苏联）加里宁

学习、不断地追求真理和美，是使人们能永葆青春的活动范围。

——（美）爱因斯坦

决不要把你们的学习看成是任务，而是一个令人羡慕的机会。

——（美）爱因斯坦

要学习，即使学习苦得要命。

——（美）刘易斯

学习不仅是明智，它也是自由。知识比任何东西更能给人自由。

——（俄）屠格涅夫

人之为学，不可自小，又不可自大。

——顾炎武

学则智，不学则愚；学则治，不学则乱。自古圣贤，成大业，未有不由学而成者。

——黄宗羲

人不学便老而衰。

——程颐

倘能生存，我当然仍要学习。

——鲁迅

学习是什么？学习就是继承，继承古中今外和人类社会的一切学问与知识，只有全面地继承才能进行全新的创造。

——高士其

学习的东西，一回见生，二回见熟，三回就成为朋友。

——高士其

学习要抓住基本知识：即不好高骛远，而忽略基本的东西。

——徐特立

学贵精不贵博。知得十件而都不到地，不如知得一件却到地也。

——戴震

人永远是要学习的。死的时候，才是毕业的时候。

——萧楚女

我提出五项修养：一为博学而学习，二为独立而学习，三为民主而学习，四为和平而学习，五为科学创造而学习。

——陶行知

通往学识宝库的门户多得很，大学只是其中的一个门户而已。

——秦牧

学习是终身职业。在学习的道路上，谁想停下来就要落伍。

——钱伟长

思考

阅读不过是给大脑提供知识材料，只有经过思考，这些知识才有可能变为自己的思想。

——（英）约翰·洛克

缺少知识就无法思考，缺少思考就不会有知识。

——（德）歌德

一个善于思考的人最高成就是，把可知的事物寻个水落石出，对不可知的事物敬而远之。

——（德）歌德

人应当相信，不了解的东西总是可以了解的，否则他就不会再去思考。

——（德）歌德

只有你的眼睛看见东西，那是不会发现什么的，还要你的心能思考才行。

——（美）爱因斯坦

要是没有能独立思考和独立的有创造能力的个人，社会的向上发展就不可想象。

——（美）爱因斯坦

人们解决世上所有的问题，是用大脑、能力和智慧，而不是搬书本。

——（美）爱因斯坦

治 学 篇

不下决心培养思考的人，便失去了生活中的最大乐趣。

——（法）法朗士

一个能思考的人，才真是一个力量无穷的人。

——（法）巴尔扎克

读书而不思考，等于吃饭而不消化。

——（德）波尔克

懒于思考，不愿意钻研和深入理解，自满或满足于微不足道的知识，都是智力贫乏的原因，这种贫乏用一个词来称呼，就是"愚昧"。

——（苏联）高尔基

聪明睿智的特点就在于，只需看到和听到一点，就能长久地考虑、更多地理解。

——（意大利）布鲁诺

思考是人类最大的快乐。

——（意大利）伽利略

一个人年轻的时候不学会思索，他将一无所获。

——（美）爱迪生

我平生从来没有做过一次偶然的发明。我的一切发明都是经过深思熟虑，严格试验的结果。

——（美）爱迪生

人总是逃避艰苦的思索，不下决心艰苦思索的人，便失去了生活中最大的乐趣。

——（美）爱迪生

人是为思索而降生，所以人一刻也不能不思索。

——（法）帕斯卡

通过空间，宇宙将我像一粒微尘那样攫住并吞没——而我则通过思想把宇宙攫住。

——（法）帕斯卡

人，总有根据前人思索过的记忆来使用眼睛的习惯，因而一切东西都一定还有未被探索到的地方。

——（法）福楼拜

书读得越多而不假思索，你就会觉得你知道得很多；而当你读书而思考得越多的时候，你会越清楚地看到，你知道得还很少。

——（法）伏尔泰

思考可以构成一座桥，让我们通向新知识。

——（德）普朗克

我并没有什么方法，只是对于一件事情做长时间热情的思索罢了。

——（英）牛顿

仔细考虑一天，胜过蛮干十年。

——（法）雨果

当一个人在深思的时候，他并不是在闲着。有看得见的劳动，也有看不见的劳动。

——（法）雨果

在泥土下面，黑暗的地方，才能发现金刚钻，在深入缜密的思想中，才能发现真理。

——（法）雨果

思考时，必须要对思考的对象发生"兴趣"，不断刺激它，并且要持之久远不懈怠。

——（德）叔本华

治 学 篇

读书而不加以思考，决不会有心得，即使稍有印象，也浅薄不生根，不久就又丧失。

——（德）叔本华

应该坚信，思想和内容不是通过没头没脑的感伤，而是通过思考而得到的。

——（俄）车尔尼雪夫斯基

思索吧，思索能引人入胜。

——（俄）车尔尼雪夫斯基

冷静思考的能力，是一切智慧的开端，是一切善良的源泉。

——（奥地利）弗洛伊德

地球上最美的花朵是思维着的精神。

——（德）恩格斯

读书是易事，思索是难事，但两者缺一，便全无用处。

——（美）富兰克林

"思考"应当走到众人的前面去；"愿望"不妨留在后面。

——（美）富兰克林

我们说人人都有认识真理的能力，但有能力并不等于有真理。只有那些善于思考的人，才能运用认识能力去发现真理。

——（古希腊）德谟克利特

人是一部机器，消耗的是食物，创造的是思想。

——（美）英格索尔

真正思考的人，从自己的错误中吸取的知识要比从自己的成就中吸取的更多。

——（美）杜威

人生最终的价值在于觉醒和思考的能力，而不只在于生存。

——（古希腊）亚里士多德

人类的优点在于其自我思考的决心。

——（美）海曼·C.里科弗

思维就如生与死，我们每个人都必须自己去体验。

——（美）乔赛亚·罗伊斯

如果每个人的想法都如出一辙，那么就没有一个人真正在思考。

——（美）巴顿

科学要求它的信徒具有许多预备知识，还需要一种在大多数人中都很少见的爱好思考的习惯。

——（俄）车尔尼雪夫斯基

知识是可以获得的东西，而思考的习惯和能力却不是那么容易学到的。

——（苏联）阿尔森·古留

尽管我们与生俱来就具有思考的能力，但是，世俗的生活，包括那些表面上似乎有益的教育和学识，却破坏了我们这种天生的能力。一味地模仿和一味地盲从就像摧残鲜花的霜冻一样，扼杀了我们的创造性思维。

——（英）格雷厄姆·沃拉斯

孤独的、自省的沉思，是人们养成的一种需要，然而，人人都掩藏起来。这是人们留给自己的唯一的角落。

——（法）杜伽尔

真知灼见，首先来自多思善疑。

——（美）洛克威尔

治 学 篇

我们只有通过沉思，才能认识最高深的真理。

——（印度）泰戈尔

思维力是认识之光，意志力是品性之能量，心力是爱。

——（德）费尔巴哈

我们有三种主要的方法：对自然的观察、思考和实验。观察搜集事实；思考把它们组合起来；实验则来证实组合的结果。对自然的观察应该是专注的，思考应该是深刻的，实验则应该是精确的。

——（法）狄德罗

思维是心灵的自我谈话。

——（古希腊）柏拉图

读书可以获得知识，思考才能去粗存精。

——（美）奥斯本

不要因为别人相信或否定了什么东西，你也就去相信或否定它。

——（美）杰弗逊

思考是人类最大的乐趣。

——（德）布莱希特

有胆识的人们无法容忍自己不去思考，就像你无法容忍自己不进行身体锻炼一样。真正有价值的奖赏是留给那些敢于努力思考、勤于思考、进行创造性思考的人的。

——（美）威廉·丹福斯

任何人的思考，都是对别人的想法做思考，思想最深沉的人，总是从别人的想法中采撷适合自己的东西，然后使之脱胎换骨。

——（英）亚当·斯密

学而不思则罔，思而不学则殆。

——孔子

学非有碍于思，而学愈博则思愈远，思正有功于学，而思之困则学必勤。

——王夫之

致思如掘井，初有浑水，久后稍引动得清者出来。人思虑，始皆浑浊，久自明快。

——程颐

不深思则不能造其学。

——程颐

思则睿，睿则圣。

——周敦颐

思虑熟，则得事理。

——韩非

学习必须和思索交替进行。一天到晚读书，却不注意消化，这种学习，效率是不会高的。

——秦牧

看别的书也一样，仍要自己思索，自己观察。倘只看书，便变成书橱，即便自己觉得有趣，而那趣味其实是已在逐渐硬化，逐渐死去了。

——鲁迅

独立思考能力，对于从事科学研究或其他任何工作，都是十分必要的。在历史上，任何科学上的重大发明创造，都是由于发明者充分发挥了这种独创精神。

——华罗庚

治 学 篇

要提倡独立思考。

——卢嘉锡

对于书本知识，无论古人今人或某个权威的学说，要深入钻研，过细咀嚼，独立思考。

——马寅初

古来圣贤，未有不重思者，思只是穷理二字。

——陆世仪

人的生命之所以有意义，就在于人能够思考和行动，并且可以令自己的生命有意义。

——伍栋英

长时间的刻苦钻研是成功之母，也是培养独立思考能力的基本条件。

——王梓坤

没有独立思考，就没有独立人格。

——何满子

思考和知识应该是经常同步而行。如若不然，知识就是个死物，而且会毫无成果地消亡。

——洪保德

思想者是孤独的，犹如大海上的灯塔。

——张乃光

我对青年有三条建议：第一是思考，第二是思考，第三是不能总是思考。

——马长山

方法

我们不应该像蚂蚁,单是收集;也不可像蜘蛛,只从自己肚中抽丝;而要像蜜蜂,既收集又整理,这样才能酿出香甜的蜂蜜来。

——(英)培根

我们要像海绵一样吸取有用的东西。

——(苏联)加里宁

学习知识要善于思考、思考、再思考。我就是靠这个学习方法成为科学家的。

——(美)爱因斯坦

人的本领不仅在于记得过去的事情,认识现在的事情,还在于触类旁通,鉴往知来。多少大智大慧的人都是以这种本领而闻名于世的。

——(意大利)薄伽丘

举一反三者,博学;举三得三者,多学。

——(日)伊藤仁斋

图书馆使我得以有恒地研习而增进我的知识,每天我停留在里面一两个钟头,用这个办法相当有效地补足了我失掉的高深教育。

——(美)富兰克林

在年轻的时候,杂七杂八的书看一些,头脑就比较灵活。一个科学家,假如只知道自己搞的那一门,对其他事情一概不知,你的思路怎么开阔呢?

——(美)李政道

治 学 篇

不闻不若闻之，闻之不若见之，见之不若知之，知之不若行之，学至于行之而止矣。

——荀子

循序而渐进，熟读而精思。

——朱熹

读书譬如饮食，从容咀嚼，其味必长；大嚼大咀，终不知味也。

——朱熹

读书之法无它，惟是笃志虚心，反复详玩，为有功耳。

——朱熹

看文字须大段精彩看，耸起精神，竖起筋骨，不要困，如有刀剑在后一般。就一段中须要透，击其首则尾应，击其尾则首应，方始是。不可按册子便在，掩了册子便忘。

——朱熹

读书有三到，谓心到，眼到，口到。心不在此，则眼看不仔细，心眼既不专一，却只慢诵朗读，决不能记，久也不能久也。三到之中，心到最急，心既到矣，眼口岂不到乎？

——朱熹

读书百遍，其义自见。

——裴松之

见博则不迷，听聪则不惑。

——牟融

学人不疑，是谓大病。惟其疑而屡破，故破疑即是悟。

——李贽

读书以过目成诵为能，最是不济事。

——郑板桥

人多是耻于问人，假使今日问于人，明日胜于人，有何不可？

——张载

大木百寻，根积深也；沧海百仞，众流成也；渊智洞达，累学之功也。

——唐滂

水非石之钻，绳非木之锯，然而断穴者，积渐之所成也。

——刘昼

积学以储宝，酌理以富才。

——刘勰

"会摹仿"绝不是劣点，我们正应该学习这"会摹仿"的。"会摹仿"又加以有创造，不是更好吗？

——鲁迅

只看一个人的著作，结果是不大好的，你就得不到多方面的优点。必须如蜜蜂一样，采过许多花，这才能酿出蜜来，倘若叮在一处，所得就非常有限、枯燥了。

——鲁迅

读书力求三性：韧性、记性、语性。有韧性没有记性，读了白读；有记性没有悟性，书是死书。三性俱备，堪称知识富翁。

——魏明伦

读书要从薄到厚，再从厚到薄。

——华罗庚

人之为学有难易乎？学之，则难者亦易矣；不学，则易者亦难矣。

——彭端淑

治　学　篇

智者问得巧，愚者问得笨。人力胜天工，只在每事问。

——陶行知

或作或辍，一曝十寒，则虽读书百年，吾未见其可也。

——吴梦祥

只有广泛地得到教益，自己才能兼容并蓄、融会贯通，然后才能独创一格。

——荀慧生

造就高深学问的方法，不但每日在讲堂之内，要学先生所教的学问，还要举一隅而以三隅反，自己去推广。

——孙中山

好问，是好的。……如果自己不想，只随口问，即能得到正确答复，也未必受到大益。所以学问二字，"问"放在"学"的下面。

——谢觉哉

不思故有惑，不求故无得，不问故莫知。

——杨时

所谓"博学"，就是把根基打广些……不但要有社会科学常识，也要有自然科学常识。

——朱光潜

至少读三遍，第一遍，尽作艺术享受；第二遍，大拆卸，像机枪手学习拆卸和装配机枪一样，仔细考察每个零件的性能、制作方法和他们的联系；第三遍，再浏览，求得一个技术的完整印象。

——王汶石

读书是一个反复的过程，要通过反复使自己学到的东西达到娴熟的程度。

——张广厚

我们在不断接触新知识的同时，对已学过的课程要学而时习之，这样经过反复循环多次复习，不仅能巩固、深化已学的知识，而且有利于更好地掌握新东西，即"温故而知新"。

——卢嘉锡

青年人治学，要注意把知识面搞得宽一些。

——苏步青

过去许多大学者，在学术研究的工作方面，主张"由博返约"，不是没有原因的。所谓"由博返约"，便是人所共知的学术常识，我要知道；人所必读的重要书籍，我要涉猎。

——张舜徽

一天即使只学习一个小时，一年就积累成三百六十五个小时，积零为整，时间就被征服了。

——吴晗

习惯

人们不应长久沉湎于恶习，因为尽管你不愿意，也会养成习惯。

——（古希腊）伊索

一个人的后半辈子均由习惯组成，而他的习惯却是在前半辈子养成的。

——（俄）陀思妥耶夫斯基

一个最高尚的人也可以因习惯而变得愚昧无知和粗野无礼，甚至粗野到惨无人道的程度。

——（俄）陀思妥耶夫斯基

每天务必做一点你所不愿意做的事情。这是一条最宝贵的准则，它可以使你养成认真尽责职而不以为苦的习惯。

——（美）马克·吐温

习惯是很难打破的，谁也不能把它从窗户里抛出去，只能一步一步地哄着它从楼梯上走下来。

——（美）马克·吐温

一种传统的习惯每每是越没有存在的理由，反而越不容易去掉它。

——（美）马克·吐温

人的生活方式如果仍延续一系列的旧习惯，那么，他就会成为生活的奴隶。

——（科威特）穆尼尔·纳素夫

好习惯是一个人在社交场中所能穿着的最佳服饰。

——（古希腊）苏格拉底

习惯正一天天地把我们的生活变成某种定型的化石，我们的心灵正在失去自由，成为平静而没有激情的时间之流的奴隶。

——（俄）列夫·托尔斯泰

习惯虽然是使一个人失去羞耻的魔鬼，但是它也可以做一个天使。

——（英）莎士比亚

总以某种固定方式行事，人便能养成习惯。

——（古希腊）亚里士多德

习惯实际上已成为天性的一部分。

——（古希腊）亚里士多德

人的行为总是一再地重复，因此卓越不是单一的举动，而是习惯。

——（古希腊）亚里士多德

任何事物都不及习惯那么神通广大。

——（古罗马）奥维德

坏习惯是在不知不觉中形成的。

——（古罗马）奥维德

习惯的力量是巨大的。

——（古罗马）西塞罗

习惯能造就第二天性。

——（古罗马）西塞罗

习惯支配着那些不善于思考的人们。

——（英）华兹华斯

治 学 篇

习惯，重于寒霜，根深蒂固如生命，罩在你身上，压得你喘不过气来。

——（英）华兹华斯

许多富有创见的人并没有想到这一点：他们被习惯引入歧途。

——（英）济慈

人应该支配习惯，而决不能让习惯支配自己。

——（苏联）奥斯特洛夫斯基

对我们的习惯不加节制，在我们年轻精力旺盛的时候不会立即显出它的影响。但是它逐渐消耗这种精力，到衰老时期我们不得不结算账目，并且偿还导致我们破产的债务。

——（印）泰戈尔

习惯不加以抑制，不久它就会变成你生活上的必需品了。

——（古罗马）奥古斯丁

人喜欢习惯，因为造它的就是自己。

——（英）萧伯纳

人是习惯的奴隶！

——（古希腊）柏拉图

首先我们养成习惯，随后习惯养成了我们。

——（英）德莱敦

习惯是一条巨缆——我们每天编结其中一根线，到最后我们最终无法弄断它。

——（澳大利亚）梅茵

家庭是习惯的学校，父母是习惯的教师。

——（日）福泽谕吉

如果良好的习惯是一种道德资本，那么，在同样的程度上，坏习惯就是道德上的无法偿清的债务了。

——（俄）乌申斯基

习惯就是信念转为习性和思想转变为行动的过程。

——（俄）乌申斯基

习惯的力量比理智更加有恒，更加简便。

——（英）约翰·洛克

习惯的锁链隐而不易觉察，直到有一天牢不可破时，人们才会发觉其存在。

——（英）塞·约翰生

习惯是一根大粗绳，我们每天都在捻着它，就是无法破坏它。

——（古罗马）贺拉斯

习惯是人类生活最有力的向导。

——（英）休谟

习惯总是乘人不备，向你袭来。

——（美）富兰克林

谁如果养成一种坏习惯，除非到死，永远难改。

——（波斯）萨迪

风俗习惯像透视镜一样，没有它，社会理论家什么也不会看出来。

——（法）本尼迪克特

世界上没有比习惯更专制的了。

——（法）左拉

好的习惯愈多，生活愈容易，抵抗引诱的力量也愈强。

——（美）威廉·詹姆斯

人往往服从于习惯，而不管是否合理与正确。

——（法）帕斯卡

习性可能会贬损最辉煌杰出的天才。

——（德）贝多芬

习惯一旦培养成功之后，便用不着借助记忆，很容易地很自然地就能发生作用了。

——（英）约翰·洛克

少成若天性，习惯如自然。

——孔子

习闲成懒，习懒成病。

——颜之推

修改小习惯，就等于修改自己的意识与性情。

——傅雷

成长

一个人成长的过程，不仅是肌肉和体格的增强，而且随着身体的发展，精神和心灵也同时扩大。

——（英）莎士比亚

真正的满足应该是，在内心不断成长的过程中，蜕变得更正直、更真诚、更豁达、更单纯、更果断、更温柔、更仁慈、更有活力。而这些我们全都可以做到，只要每日不辍，尽力去做。

——（美）詹姆士·佛里曼·克拉克

我们必须不断改进、充实、更生自己；否则我们就硬化了。

——（德）歌德

才能不是天生的，可以任其自便的，而是要钻研艺术，请教良师，才会成才。

——（德）歌德

灵魂的生长是提升人性最重要的一环。我深信内在的灵魂是最需要细心呵护的。

——（美）伯纳德·约翰逊

唯有在睿智而完全的生活中，灵魂才会成长。

——（美）A.H.康普顿

不愿意长大的人，会变得愈加渺小。

——（美）亨利·F.艾米尔

治 学 篇

我们会在意见相同的人群中得到抚慰——而在意见不同的人群中得到成长。

——（美）法兰克·A.克拉克

任何事情都没有快速的捷径。一次一件事情，所有事情连缀不断。成长快速，衰退也快速；唯有缓慢成长，才能持久。

——（美）乔·吉·霍兰

才华就是通过独立的精神上的活动才能成长起来的。

——（俄）车尔尼雪夫斯基

即使一个人天分再高，如果他不艰苦操劳，他不仅不会做出大的事业，就是平凡的成绩也不可能得到。

——（俄）柴可夫斯基

无论天资有多么高，他仍需学会了技巧来发挥那些天资。

——（英）卓别林

如果你富于天资，勤奋可以发挥它的作用；如果你智力平庸，勤奋可以弥补它的不足。

——（英）乔·雷诺兹

大量的才能失落在尘世间，只因为缺少一点儿勇气。

——（英）西德尼·史密斯

世界上有成就的人都是能放开眼光找他们所需要的境遇的人，要是找不着，就自己创造。

——（英）萧伯纳

高雅的品位，崇高的道德标准，向社会大众负责及不施压力威胁的态度——这些事让你终有所获。

——（美）李奥贝纳

在经常监督的压力之下成长的人们，不能希望他们多才多艺，不能希望他们有创造的能力，不能希望有果敢的精神，不能希望有自信的行为。

——（德）赫尔巴特

人的天性虽然是隐而不露的，却很难被压抑，更很少能完全根绝。即使勉强施压抑，只会使它在压力消除后更加猛烈。

——（英）培根

懦者能奋，与勇者同力；愚者能虑，与智者同识；拙者能勉，与巧者同功。

——崔敦礼

非学无以广才，非志无以成学。

——诸葛亮

其实即使是天才，在生下来的时候的第一声啼哭，也和平常的儿童的一样，决不会就是一首好诗。

——鲁迅

理想

理想——一串跳荡的音符，奏响了我们心中青春的乐章；理想——一束心灵的阳光，点燃了我们胸膛里的火焰。

——（德）歌德

理想是指路明灯，没有理想，就没有坚定的方向；没有方向，就没有生活。

——（俄）列夫·托尔斯泰

你的理想与热情，是你航行的灵魂的舵和帆。

——（黎巴嫩）纪伯伦

我宁可做人类中有梦想和有完成这梦想的愿望的、最渺小的人，而不愿做一个最伟大、无梦想、无愿望的人。

——（黎巴嫩）纪伯伦

让你的理想高于你的才干，你的今天有可能超过昨天，你的明天才有可能超过今天。

——（黎巴嫩）纪伯伦

没有理想，即没有某种美好的愿望，也就永远不会有美好的现实。

——（俄）陀思妥耶夫斯基

宣传最崇高的理想，倘若看不到通往这个理想的正确道路，也是无济于事的。

——（法）巴比塞

启发我并永远使我充满生活乐趣的理想是真、善、美。

——（美）爱因斯坦

每个人都有一定的理想，这种理想决定着他的努力和判断的方向。

——（美）爱因斯坦

美满的人生，是在使理想与现实两者切实吻合。

——（英）劳伦斯

我们应该在每个人的心里激起美好的理想，这种理想将成为每个人的指路明灯，成为召唤他们前进的灯火。

——（苏联）苏霍姆林斯基

如果一个人的头上缺少一颗指路明星——理想，那他的生活将会醉生梦死。

——（苏联）苏霍姆林斯基

理想失去了，青春之花也便凋零了，因为理想是青春的光和热。

——（法）罗曼·罗兰

暂时的是现实，永生的是理想。

——（法）罗曼·罗兰

通往理想之路从来也不是轻松的。

——（苏联）彼得罗夫斯基

凡配称为理想的事物，就必带有善美的本质。

——（英）奥斯丁

无论哪个时代，青年的特点总是怀抱着各种理想和幻想。这并不是什么毛病，而是一种宝贵的品质。

——（苏联）加里宁

治 学 篇

伟大的理想只有经过忘我的斗争和牺牲才能胜利地实现。

——（意大利）乔万尼奥里

有理想的人，生活总是火热的。

——（苏联）斯大林

我对于事业的抱负和理想，是以"真"为开始，"善"为历程，"美"为最终目标的。

——（古罗马）西塞罗

为理想的实现而生活，则生趣盎然。

——（英）迪斯累里

只有同这个世界结合起来，我们的理想才能结出果实；脱身这个世界，理想就不结果实。

——（英）罗素

一个人的理想越崇高，生活就越纯洁。

——（捷克）伏契克

一个人提到理想，必然充满感情，他会想到流露真心的那种缥缈美丽的梦境。

——（法）丹纳·詹姆斯

人的愿望没有止境，人的力量用之不尽。

——（苏联）高尔基

不知道明天要干什么事的人是不幸的人。

——（苏联）高尔基

理想是世界上最快乐的事。

——（古希腊）苏格拉底

生活中没有理想的人，是可怜的人。

——（俄）屠格涅夫

生活好比旅行，理想是旅行的路线，失去了路线，只好停止前进。

——（法）雨果

或许，正因为有了理想，生活才显得这样甜蜜；或许，正因为有了理想，生活才显得如此宝贵……

——（苏联）艾特玛托夫

毫无理想而又优柔寡断是一种可悲心理。

——（英）培根

理想是人生的太阳。

——（美）德莱塞

理想是世界的主宰。

——（美）霍桑

理想，你孤独而真实。

——（意大利）卡尔杜齐

使人年老的不是岁月，而是理想的失去。

——（匈牙利）乌尔曼

人的活动如果没有理想的鼓舞，就会变得空虚而渺小。

——（俄）车尔尼雪夫斯基

一切都靠一张嘴来谈理想而丝毫不实干的人，是虚伪和假仁假义的。

——（古希腊）德谟克利特

要抒写自己梦想的人，反而更应该清醒。

——（法）瓦雷里

治　学　篇

　　一个有事业追求的人，可以把"梦"做得高些。虽然开始时是梦想，但只要不停地做，不轻易放弃，梦想能成真。

——（美）虞有澄

　　人有了物质才能生存，人有了理想才谈得上生活。你要了解生存与生活的不同吗？动物生存，而人则生活。

——（法）雨果

理想就是人在不断前进中所追求的坚定不移的范本。

——（法）雨果

理想生活的实现，必然付出代价和牺牲……肉体、智慧和灵魂便是理想生活的祭品。

——（埃及）纳吉布·迈哈福兹

　　我们的理想应该是高尚的。我们不能登上顶峰，但可以爬上半山腰，这总比待在平地上要好得多。如果我们的内心为爱的光辉所照亮，我们面前又有理想，那么就不会有战胜不了的困难。

——（印度）普列姆昌德

　　理想是由真实的素材构成的。缺乏这种认识，人类就不能切合实际地运用它的理想能力。

——（德）狄兹根

　　理想应该很大，足以囊括一切。理想位于最遥远的将来之处。如果我们认为许多的理想可能结成一个统一体，那么最高的理想也许会具有那种可见而不可即的极限的性质。

——（美）巴罗士·丹汉姆

　　人需要理想，但是需要的是符合自己的理想，而不是超自然的理想。

——（苏联）列宁

要及时把握梦想，因为梦想一死，生命就如一只羽翼受创的小鸟，无法飞翔。

——（美）兰斯顿·休斯

要完成伟大的事业，梦想和行动缺一不可。

——（法）法朗士

梦想是人格的试金石。

——（美）亨利·大卫·梭罗

带着自信朝着你的梦想前进！过你想象中的生活。当你简化你的生活时，万物的法则也随之趋于简化；孤独将不再是孤独，贫穷将不再是贫穷，而软弱也不再是软弱。

——（美）亨利·大卫·梭罗

不要丢弃你的梦想。一旦失去梦想，或许你仍然存在，但你已经如同行尸走肉。

——（美）马克·吐温

完成大事业的先导是伟大的梦想。

——（美）康拉德·希尔顿

人，都在奋斗，奋斗的目标则是成功。在这一点上，不分职务所属，地位所处，性格所向，只要是人，都是这样。每个人都要树立一个理想，以它作为前进的动力，在自己选择的道路上走向成功。

——（美）康拉德·希尔顿

能够梦想，就能动手去做。

——（美）华特·迪斯尼

没有追求的人，必然是怠慢的。

——（美）维纳德

在坚持亲和与一种渴望状态的同时，必须有理想，要考虑到可能实现的东西，如果没有这种可能性的话，也就不可能有进步。

——（美）卡莉·费奥瑞娜

虽人各有志，但往往在实现理想时，会遭遇到许多困难，反而会使自己走向与志趣相反的路，并一举成功。

——（日）松下幸之助

童年的生活使我懂得了这样一个道理，即不要因为沉湎往事，而让梦想黯然失色。

——（美）道格·艾伍斯特

我从来不认为梦想是浪费精力，反而觉得梦想总是和实际生活息息相关。

——（美）雷蒙·克罗克

大多数的人如果不被自己所怀的大抱负烦扰时，他们都将能成功许多小事。

——（美）朗费罗

伟大的灵魂与普通的灵魂相比，不在于它情欲小、道德多，而在于它有最伟大的抱负。

——（法）拉罗什福科

抱负是高尚行为成长的萌芽。

——（美）英格利希

同样是抱负，它能毁灭一切，也能拯救一切；它能产生恶棍，也能造就爱国者。

——（英）蒲柏

付诸实施的理想通常被事实所扼杀，但这并不意味着理想从一开始就应该屈服于事实，而只是因为我们的理想不够坚定。理想不够坚定的原因在于它在我们心中不纯粹、不坚定。

——（法）史怀哲

我们占据的位置并不重要，重要的是我们要去的方向。

——（美）霍姆斯

自古能成功成名的无一不是靠着理想和抱负，没有一个庸才能靠人事关系而名垂青史。

——罗兰

光辉的理想像明净的水一样洗去我心灵上的污垢。

——巴金

没有人因为多活几年几岁而变老；人老只是由于他抛弃了理想，岁月使皮肤发皱，而失去热情却让灵魂出现皱纹。

——巴金

理想必须在现实中有其根源基础，否则只是空想。

——张岱年

理想使现实透明，美好的憧憬使生命充实，而人生也就有所寄托，使历史岁月延续于无穷。

——柯灵

世界上总有人抛弃了理想，理想却从来不抛弃任何人。给罪人新生，理想是还魂的仙草；唤浪子回头，理想是慈爱的母亲。

——流沙河

梦想无论怎样模糊，总潜伏在我们心底，使我们的心境永远得不到宁静，直到这些梦想成为事实。

——林语堂

理想是一把尺，量出一种见识的长短；追求是一杆秤，称出一个人灵魂的轻重。

——谚语

理想是从心灵上展翅起飞的春鸟。

——谚语

没有理想的人，就像没有头脑一样。

——谚语

一个没有远大理想的人，就像一部没有马达的机床。

——谚语

骏马无腿难走路，人无理想难进步。

——谚语

大海的浪花靠轻风吹起，生活的浪花靠理想鼓起。

——谚语

船的力量在帆桨，人的力量在理想。

——谚语

高尚的理想并不因为默默无声而失去价值；自私的追求不因为大叫大嚷而伟大起来。

——谚语

奋斗

伟大的事业根源于坚韧不拔的工作,以全副的精神去从事,不避艰苦。

——(英)罗素

只有不断地追求探索,永远不满足已取得的成绩的人,生活才是美好的、有价值的。

——(苏联)萨帕林娜

要想奋发,就得做出巨大而又迅速的努力。

——(法)卢梭

我是否曾主张,我们应对向着我们而来的一切灾难低头屈服?绝不!那只是宿命论的主张。只要有让我们解救情况的一丝机会,我们便要奋斗。

——(美)卡耐基

不要容您自己昏睡!趁您还年轻力壮,血气方刚,要永不疲倦地做好事情。

——(俄)契诃夫

青春的光辉,理想的钥匙,生命的意义,乃至人类的生存、发展。全包含在这两个字之中:奋斗!只有奋斗,才能治愈过去的创伤;只有奋斗,才是我们民族的希望和光明所在。

——(德)马克思

当我们尽力而为时,我们从不知道有什么样的奇迹会出现在我们的生命，或是在另一个人的生命里。

——（美）海伦·凯勒

快乐，就是一个人努力的成果。

——（法）乔治桑

如果我们能够为我们所承认的伟大目标去奋斗，而不是一个狂热的、自私的肉体在不断地抱怨为什么这个世界不使自己愉快的话，那么这才是一种真正的乐趣。

——（英）萧伯纳

只有经过长时间完成其发展的艰苦工作，并长期埋头沉浸于其中的任务，方可望有所成就。

——（德）黑格尔

我认为胜利是可以得到的，而且勇敢地为它奋斗，我的后代将会说："他不知道死的恐惧，比任何人都刚毅，并认为为真理而斗争是人类最大的乐趣。"

——（意大利）布鲁诺

想象你自己对困难做出的反应，不是逃避或绕开它们，而是面对它们，同它们打交道，以一种进取的和明智的方式同它们奋斗。

——（美）马克斯威尔·马尔兹

要完成目的，与其作长久的忍耐，不如下异乎寻常的苦功容易些。

——（印度）布留伊艾尔

生活好比橄榄球比赛，原则就是：奋力冲向底线。

——（美）罗斯福

人在他的历史中表现不出他自己，他在历史中奋斗着露出头角。

——（印度）泰戈尔

具有伟大的理想，出以坚定的信心，施以努力的奋斗，才有惊人的成就。

——（印度）马尔顿

无论做什么事情，只要肯努力奋斗，是没有不成功的。

——（英）牛顿

如果你十分珍爱自己的羽毛，不使它受一点损伤，那么，你将失去两只翅膀，永远不再能够凌空飞翔。

——（英）雪莱

凡事欲其成功，必要付出代价——奋斗。

——（美）爱默生

我们最大的光荣，不在于一次也不失败，而在于每次倒下都能够站起来。

——（英）哥尔斯密

下界的苦味，我要一概承担。我要跟暴风雨奋斗，即使在破船中，也不张皇。

——（德）歌德

对于一个努力奋斗的人来说，难在既认可同时代长者的优点，而又不让他们的缺点妨碍自己。

——（德）歌德

做了好事受到指责而仍坚持下去，这才是奋斗者的本色。

——（法）巴尔扎克

我们应当努力奋斗，有所作为。这样，我们就可以说，我们没有虚度年华，并有可能在时间的沙滩上留下我们的足迹。

——（法）拿破仑

治 学 篇

对真理和知识的追求并为之奋斗，是人的最高品质之一。

——（美）爱因斯坦

运气喜欢在某些时刻撤退，为的是要你以坚持的努力把它重新召回。

——（德）蒙森

对乐于苦斗的人来说，苦斗不是憾事，而是乐事。

——（德）托马斯

敢于走前人没有走过的路的拓荒者，永远是不朽的。

——（日）武者小路实笃

做一个英雄人物，还意味着必须同万能的命运搏斗。

——（奥地利）茨威格

当一个人失去一切而只剩一点残余的时候，他会奋不顾身地为那唯一的残余而斗争到底。

——（奥地利）茨威格

千淘万漉虽辛苦，吹尽狂沙始到金。

——刘禹锡

背着苦恼的命运，和自然奋斗。

——鲁迅

奋斗这一件事是自有人类以来天天不息的。

——孙中山

不断地奋斗，就是走上成功之路。

——孙中山

为了追求光和热，将身子扑向灯火，终于死在灯下，或者浸在油中，飞蛾是值得赞美的，在最后的一瞬间，它得到光，得到热了。

——巴金

我有手杖可以打击猛兽。为了得到我所追求的东西，我愿与猛兽搏斗。

——巴金

必须在奋斗中求生存，求发展。

——茅盾

古往今来，凡成就事业，对人类有作为的，无不是脚踏实地，艰苦登攀的结果。

——钱三强

不是因为事情难以做到，我们才失去斗志，而是因为我们失去了斗志，那些事情才难以做到。

——张瑞敏

事常与人违，事总在人为。

——谚语

驾驭命运的舵是奋斗。不抱有一丝幻想，不放弃一点机会，不停止一日努力。

——谚语

懦弱的人只会裹足不前，莽撞的人只能引火烧身，只有真正勇敢的人才能所向披靡。

——谚语人才

人才

不结果的树是没有人去摇的，唯有那些果实累累的才有人用石子去打。

——（英）西德尼·史密斯

中才因头衔则出现，大才妨碍头衔，小才则玷污头衔。

——（英）萧伯纳

要使山谷肥沃，就得时常栽树。我们应该注意培养人才。

——（法）约里奥·居里

即使人们有世界上最好的策略，但是如果没有合适的人去发展、实现它，这些策略恐怕也只能"光开花，不结果"。

——（美）杰克·韦尔奇

学历就好比商品上的标签，论才用人要看品质，不要只注重标签价码。

——（日）松下幸之助

离开了人才荟萃的中心，呼吸不到思想活跃的空气，不接触日新月异的潮流，我们的知识会陈腐，趣味会像死水一般变质。

——（法）巴尔扎克

人类全都在脚手架上劳动。每一个有才学的人都是一名泥瓦工人。最卑微的人也在给它填补空白或是放上石头。

——（法）雨果

善于巧妙地利用自己平庸禀赋的人，常常比真正的卓越者赢得更多的尊敬和名声。

——（法）拉罗什福科

江山代有才人出，各领风骚数百年。

——赵翼

量力而任之，度才而处之。

——韩愈

何世无材，患主人不能识耳，苟能识之，何患无材。

——汉武帝

高者未必贤，下者未必愚。

——白居易

博求人才，广育士类。

——苏轼

路不险，则无以知马之良；任不重，则无以知人之才。

——徐幹

报国之忠，莫如荐士；负国之罪，莫如蔽贤。

——司马光

采玉者破石拔玉，选士者弃恶取善。

——王充

人才虽高，不务学问，不能致圣。

——刘向

择才不求备，任物不过涯。

——元稹

治 学 篇

真圣贤决非迂腐，真豪杰断不粗疏。

——金缨

知行知止唯贤者，能屈能伸是丈夫。

——邵雍

致天下之治者在人才，成天下之才者在教化。

——胡瑗

才不称不可据其位，职不称不可食其禄。

——王豫

得十良马，不若得一伯乐；得十良剑，不若得一欧冶；得地千里，不若得一圣人。

——吕不韦

非才而据，咎悔必至。

——陈寿

非尽百家之美，不能成一人之奇；非取法至高之境，不能开独造之域。

——刘开

高才何必贵，下位不妨贤。

——张祜

高尚之士，不以名位为光宠；忠正之士，不以穷达易志操。

——申涵煜

古称国之宝，谷米与贤才。

——白居易

古来王佐才，往往待圣哲。

——张煌言

得士者富，失士者贫。

——班固

多事之秋，得一人则重于山岳，少一人则弱于婴儿。

——曾国藩

欲讲富强以刷国耻，则莫要于储才。

——谭嗣同

人既尽其才，则百事俱举；百事举矣，则富强不足谋也。

——孙中山

衡量人的尺度，不在职位高下，而在成就的多少。

——郭沫若

有的人，只可读其文，不必识其人。有的人，大可识其人，不必论其学。人才到底是难两全的。

——南怀瑾

人才难得而易失，人主不可不知之。

——梁佩兰

在信息时代，一个很优秀的人的生产量会超过一个普通的人，所以我们要爱惜每一个人，给每个人很好的环境以发挥他的潜力，这些方面是一些很普遍的对人才的认可。

——李开复

人身之所重者元气；国家之所重者人才。

——《格言联璧》

蒿草之下，或有兰香；茅茨之屋，或有侯王。

——《增广贤文》

教育

一个人的启蒙教育能够决定他未来的一生。

——(古希腊)柏拉图

习惯真是一种顽强而巨大的力量。它可以主宰人生。因此,人自幼就应该通过完美的教育,去建立一种好的习惯。

——(英)培根

即使是普通孩子,只要教育得法,也会成为不平凡的人。

——(法)爱尔维修

天赋仅给予一些种子,而不是既成的知识和德性。这些种子需要发展,而发展是必须借助于教育和教养才能达到的。

——(苏联)凯洛夫

教给学生能借助已有的知识去获取知识,这是最高的教学技巧所在。

——(苏联)苏霍姆林斯基

教育者的关注和爱护在学生的心灵上会留下不可磨灭的印象。

——(苏联)苏霍姆林斯基

真正的教育者不仅教授真理,而且向自己的学生告授对待真理的态度。

——(苏联)苏霍姆林斯基

善于鼓励学生,是教育中最宝贵的经验。

——(苏联)苏霍姆林斯基

比较聪明的教师，注意系统地引导学生利用过去的功课来帮助理解目前的功课，并利用目前的功课加深理解已经获得的知识。

——（美）杜威

一个人应能利用别人的经验，以弥补个人直接经验的狭隘性，这是教育的一个必要的组成部分。

——（美）杜威

一切功课都应该仔细分成阶段，务使先学的能为后学的扫清道路，给予解释。

——（捷克）夸美纽斯

教师本身要具备这种品质——能够领会和体验生活中和艺术中的美，才能在学生身上培养出这种品质。

——（苏联）赞科夫

谁爱孩子，孩子就爱谁。只有爱孩子的人，他才可以教育学生。

——（苏联）高尔基

一个小小的女孩子是不能够像她们的祖母那样过日子的，她应当活泼地玩耍、唱歌和跳舞，一切适合于她那个年龄的天真无邪的游戏，都应该让她去做。

——（法）卢梭

我们应当尽量用行动去教育儿童，只有身教所不能做到的才用言教。

——（法）卢梭

必须让孩子们有所专心，怠情乃是孩子们最可怕的危险。

——（法）卢梭

一个人的好奇心同他所受的教育是成比例的。

——（法）卢梭

治 学 篇

榜样比所有一切的书籍都更有用处。他们亲眼看到你的行为,将比我们所说的一切空话更能感动他们的心。

——(法)卢梭

人的教育在他出生的时候就开始了,在能够说话和听别人说话以前,他已经受到教育了。

——(法)卢梭

一个人首先要教育自己,而后才去接受别人的教育。

——(德)歌德

在我们一生当中,随着年岁的增长,即使不由我们自己,也会由我们的环境来给我们施行补充教育的。

——(德)歌德

教师最大的缺点莫过于让自己和学生一道游移不定,不能让学生坚持他目前所持的观点。

——(德)歌德

普及教育就是普及繁荣。

——(瑞典)诺贝尔

教育之于心灵,犹如雕刻之于大理石。

——(美)爱迪生

教育就是获得运用知识的艺术,这是一种很难传授的艺术。

——(英)罗素

我们做父母的,对孩子尽可能避免处罚和过分鼓励。

——(苏联)马卡连柯

教育家也就是人类心灵的工程师。

——(苏联)加里宁

教育是伟大的事业，人的命运决定于教育。

——（俄）别林斯基

教育，是民族最伟大的生存原则，是一切社会里把恶的数量减少，把善的数量增加的唯一手段。

——（法）巴尔扎克

人只有靠教育才能成人，人完全是教育的结果。

——（德）康德

教育既是社会生活的反映，也是适应社会生活的工具。

——（法）皮亚杰

教育的唯一工作与全部工作可以总结在这一概念之中——道德。

——（德）赫尔巴特

学校的目标应是培养有独立行动和独立思考的人。

——（美）爱因斯坦

立业篇

事业

需要始终不渝的精神干一番轰轰烈烈的事业，而且必须具备清醒的头脑和热忱。

——（法）大仲马

切实苦干的人往往不高谈阔论，他们惊天动地的事业显示了他们的伟大，可在筹划重大事业的时候，他们是默不作声的。

——（俄）克雷洛夫

事业是栏杆，我们扶着它在深渊的边沿上行走。

——（苏联）高尔基

人是要死的，谁也活不了几百岁，但是他的事业定会永垂不朽。

——（苏联）高尔基

事业应该笑着、乐着办起来。事业可不喜欢沉闷。

——（苏联）高尔基

人的灵魂表现在他的事业上。

——（挪威）易卜生

一个人的事业心决不能妨碍另一个人的事业心……我们的事业心就是一种道德品质，而事业心的要求就是一种道德的要求。

——（苏联）马卡连柯

人必须有一个无法放弃、无法搁下的事业，才能变得无比的坚强。

——（俄）车尔尼雪夫斯基

立 业 篇

我们永远不应该抛弃一个事业。如果它要二十、三十年，甚至一生或好几代的工夫，我们也献给它，一点也不吝惜。

——（法）佐拉

伟大的业绩不灭，他们会像太阳和月亮升起那样永获新生，并祝福仰望它们的人。

——（英）丁尼生

独辟蹊径才能创造出伟大的业绩，在街道上挤来挤去不会有所作为。

——（英）布莱克

世上没有一个伟大的业绩是由事事都求稳操胜券的犹豫不决者创造的。

——（英）艾略特

在年轻人的颈项上，再也没有什么比事业心这颗灿烂的珠宝更迷人的了。

——（美）爱默生

要成大事，就得既有理想，又讲实际，不能走极端。

——（美）罗斯福

一个人只有以他全部的力量和精力致力于某一事业时，才能成为一个真正的大师。

——（美）爱因斯坦

对一个人来说，所期望的不是别的，而仅仅是他能全力以赴和献身的一种美好事业。

——（美）爱因斯坦

事业是理论和实践的生动统一。

——（古希腊）亚里士多德

人的思想是了不起的，只要专注于某一项事业，那就一定会做出使自己感到吃惊的成绩来。

——（美国）马克·吐温

不要在已成的事业中逗留着！

——（法）巴斯德

我们去完成某种事业，达到某种目的，不能像池沼里的青蛙那样，把生命在咯咯咯的叫声中消磨掉。应当去完成自己向往的事业，达到自己追求的目的。

——（苏联）尤·特里丰诺夫

事业归事业，生活归生活，二者有严格的区别。事业要求的是严肃认真，而生活则要求自由活泼。事业需要的是纯粹"一步一个脚印"地实干，而生活往往需要随和轻松，使人感到舒畅。切莫将二者混淆起来，别因生活的自由而丧失和放弃事业上的脚踏实地。

——（德）歌德

没人愿意为之牺牲的事业是没有前途的。

——（法）维伊奥

成就一番伟业的唯一途径就是热爱自己的事业。如果你还没能找到让自己热爱的事业，继续寻找，不要放弃。跟随自己的心，总有一天你会找到的。

——（美）史蒂夫·乔布斯

宏伟的事业，只有靠实实在在的、微不足道的一步步地积累，才能获得成功。

——（日）稻盛和夫

不管是谁，只要具有常识，忠于原则，并乐于吃苦，都能做出一番事业。

——（美）雷蒙·克罗克

立 业 篇

事业成功的首要条件，不在事业家的价值判断，而是顾客的价值判断。顾客认为"有价值"，才是决定性的因素。

——（日）松下幸之助

如果我们能替别人的利益着想，那么，我们的事业才能繁荣，我们的事业繁荣了，就会给更多的人带来利益。

——（日）吉田忠雄

如果你已经有了自己的事业，看一看它是不是你的最爱；如果你是公司的老总，看一看你的产品定位是否准确；如果你主管产品的生产，看一看成本是否已经降到了最低。但其中最主要的，是要关注你的事业，关注你的产品，因为只有关注，才能成功。

——（美）亨利·福特

有抱负的年轻人应该把目光放得长远一些，从而为事业的发展留下充分的时间。

——（美）亨利·福特

我心里很明白，我能取得这样的成功是因为很多人的帮助，而我也巧妙地利用自己是站在别人的肩膀上这个事实取得了属于自己的事业，这也是我管理思想的精髓所在。

——（美）迈克·戴尔

一个不注意小事情的人，永远不会成就大事业。

——（美）安德鲁·卡内基

人应当像蚯蚓那样，永远不知辛劳地在漆黑的泥土中探索，把自己的全部心血奉献给耕耘的事业，为后人留下一片片松软的沃土。

——（日）井植熏

人长着一颗脑袋就是该用来干一番事业的。

——（俄）果戈理

人最宝贵的东西是生命。生命属于人只有一次。一个人的生命是应该这样度过的：当他回首往事的时候，他不会因为虚度年华而悔恨，也不会因为碌碌无为而羞耻；这样，在临死的时候，他就能够说："我整个的生命和全部精力都已献给世界上最壮丽的事业——为人类的解放而斗争。"

——（俄）奥斯特洛夫斯基

一个人几乎可在任何他怀有无限热忱的事情上成功。

——（英）查尔斯·史考伯

凡百事业，收效愈速，利益愈小；收效愈迟，利益愈大。

——孙中山

人的生活中，最能吸引人的力量，最能激发人经久不懈热情的是什么呢？那就是事业。

——冯定

任何科学研究，最重要的是要看他对自己从事的工作有没有兴趣。换句话说，也就是有没有事业心，这不能有丝毫的强迫。

——丁肇中

有志于某种事业者，与其临渊羡鱼，毋宁退而结网，结网无他，即当对于此某事业所需要之能力先加以充分的准备。

——邹韬奋

应该记住，我们的事业，需要的是手，而不是嘴。

——童第周

本来事业并无大小；大事小做，大事变成小事；小事大做，则小事变成大事。

——陶行知

目标

无论在斗争中或牺牲中，我们都只对准一个目标，坚守一个信念，这样我们就可以克敌制胜。

——（加拿大）白求恩

对什么都有兴趣的人是讨人喜欢的人。但是干事业，就应在一定的时间内，专心致志于一个目标。

——（法）莫鲁瓦

没有追求的人生是十分乏味的。

——（英）艾略特

人致力于一个目标，一种观念，是人在生活过程中追求完整之需要的一种表现。

——（美）弗洛姆

一个人追求的目标越高，他的能力就发展得越快，对社会就越有益。

——（苏联）高尔基

人们努力追求的庸俗的目标——财产、虚荣、奢侈的生活，我总觉得都是可鄙的。

——（美）爱因斯坦

有不少人，他们不追求那些物质的东西，他们追求理想和真理，从而得到了内心的自由和安宁。

——（美）爱因斯坦

没有追求的人很快就会消沉。哪怕只有不足挂齿的追求也总比没有要好。

——（英）卡莱尔

一个人有意义不在于他的成就，而在于他所企求成就的东西。

——（黎巴嫩）纪伯伦

走得最慢的人，只要他不丧失目标，也比漫无目的地徘徊的人走得快。

——（德）莱辛

你的目标确定了，你的脚步也就轻快了。

——（美）哈伯特

对于一艘盲目航行的船来说，所有的风都是逆风。

——（法）哈伯特

没有一定的目标，智慧就会丧失；哪儿都是目标，哪儿就没有目标。

——（法）蒙田

没有预定港口的人，一定不会得到风的帮助。

——（法）蒙田

人类最伟大、最光荣的杰作就是如何怀着目标生活。

——（法）蒙田

要清楚自己想做什么，并且坚定地把持这个信念。每天都做你应该做的事，那么在每天结束时，你会看见目标又向前一步了。

——（美）艾伯特·哈巴德

感到自己在这个世界上是件多余的装饰品，那是很难堪的。活着而又没有目标是可怕的。

——（俄）契诃夫

立　业　篇

我们以人们的目的来判断人的活动，目的伟大，活动才可以说是伟大的。

——（俄）契诃夫

目的是引导万物前进的。

——（俄）阿志巴绥夫

你想要达到什么目的，就要把所有的力气，所有的手段，所有的条件，所有的一切都花上去，要钉住不放！

——（苏联）尤·特里丰诺夫

向着某一天终于要达到的那个终极目标迈步还不够，还要把每一步骤看作目标，使它作为步骤而起作用。

——（德）歌德

目标越接近，困难越增加。但愿每一个人都像星星一样安详而又从容地不断沿着既定的目标走完自己的路程。

——（德）歌德

生命里最重要的事情是要有个远大的目标，并借才能与坚毅来达成它。

——（德）歌德

在理想的最美好的世界中，一切都是为最美好的目的而设。

——（法）伏尔泰

没有目的，就做不成任何事情；目的渺小就做不成任何大事。

——（法）狄德罗

有人活着没有任何目标。他们在世间行走，就像河中的一棵小草，他们不是行走，而是随波逐流。

——（古罗马）塞涅卡

如果一个人没有远大的目标，那么凡事只能停留在思考阶段，不想去行动。

——（日）德田虎雄

有一些宝贵的东西作为它的目标时，生活才有价值。

——（德）黑格尔

目标愈高，志向就愈可贵。

——（西班牙）塞万提斯

没有目的，个人完了，目的也就完了。

——（苏联）奥斯特洛夫斯基

只有向自己提出伟大的目标并以自己的全部力量为之奋斗的人，才是幸福的人。

——（苏联）加里宁

凡是以追求自己的幸福为目标的人，是坏的；凡是以博得别人的好评为目标的人，是脆弱的；凡是以使他人幸福为目标的人，是有德行的。

——（俄）列夫·托尔斯泰

要有生活目标：一辈子的目标，一年的目标，一个月的目标，一个星期的目标，一天的目标，一个小时的目标，一分钟的目标，还要为大目标而牺牲小目标。

——（俄）列夫·托尔斯泰

如果你想射中靶心，你就必须瞄得稍稍高一些。

——（美）朗费罗

在瞄准遥远目标的同时，不要轻视近处的东西。

——（古希腊）欧里庇德斯

胸怀目标，无论达到与否，都能使生活有意义。

——（英）勃朗宁

立 业 篇

当哥伦布发现美洲的时候,他知道他航向何处吗?他的目标只是前进,一直向前进。

——(法)纪德

在狭隘的环境中使精神狭隘,人要有更大的目标才能大成。

——(德)席勒

一个人向着目标迈进的时候,应当笔直地朝前望的。

——(法)罗曼·罗兰

对目标的追求要量力而行,着眼于自己的努力,不要一心只想着结果。

——(美)阿里·基夫

假如你打算继续学习,那么崇高的目标和高度的热情将最最有助于你持之以恒,学有所成。

——(美)约翰·嘉德纳

每一点滴的进展都是缓慢而艰巨的,一个人一次只能着手解决一项有限的目标。

——(英)贝弗里奇

如果想成功,目标要愈大愈好,这么一来,在未达到目标前,就会严于律己,时时警惕自己不要懒散。

——(日)吉本晴彦

成功源自于目标,仔细规划你的人生目标。并努力去实现它!

——(美)玫琳·凯

选定一个目标并努力去实现它。当你实现一个目标时,你可以选定下一个更高的目标,并开始朝它攀登。

——(美)哈维·凡世通

首先要确立和公开目标，点燃热情而自绝后路，然后朝着既定的目标拼命努力，为此还要不断地锻炼自己的身体和意志，最后还需要有必胜的自信心。

——（日）稻盛和夫

我们的目标是：每天发现一个更好的办法。

——（美）杰克·韦尔奇

一个人决不能只依赖唯一的事物或是只相信唯一的对策，哪怕它再杰出。任何事情都应做两手准备，尤其当你的目标是成功、好感或尊重时。

——（西班牙）格拉西安

不断追求并达成自定目标的人，就是成功的。他所达成的目标一定是符合众人的利益，而不是牺牲别人的利益。

——（美）威特利

我相信强烈的目标，这种可以使人完成任何事情的诚恳精神，这种自我忠实，是使人的心灵成就事业的最大因素。

——（英）罗宾森

目标的坚定是性格中最必要的力量源泉之一，也是成功的利器之一。没有它，天才也会在矛盾无定的迷途中徒劳无功。

——（英）查士德斐尔

"不耻最后。"即使慢，驰而不息，纵令落后，纵令失败，但一定可以达到他所向往的目标。

——鲁迅

对精神的追求和对物质的追求都是无止境的。但是脱离了前者的后者，是虚空、堕落；脱离了后者的前者，是虚假、倒退。

——陈祖芬

立 业 篇

多数人在人潮汹涌的世间，白白挤了一生，从来不知道哪里才是他所想要到达的地方，而有目标的人却始终不忘记自己的方向，所以他能打开出路，走向成功。

——罗兰

一个人活着而没有目的，他就会彷徨、苦闷和不安。而唯有当一个人确实了解他自己所要过的是什么生活和他所要追求的目标到底是什么之后，他才会觉得他的生命充实和有意义。

——罗兰

心中的目标虽然难以达到，脚步却也没有白费，每走一步都是有收获的。

——陆文夫

没有目标的生活，就像没有舵的船。

——谚语

坚持

一个人只要强烈地坚持不懈地追求，他就能达到目的。

——（法）司汤达

不要让痛苦使你背离你已经开始的、值得赞美的事业。谁只要能坚持到底，他便是有福的。

——（德）格里美尔斯豪森

你如果愿意有所作为，就必须有始有终。

——（墨西哥）费尔南德斯·德·利萨尔迪

顽强的毅力可以征服世界上任何一座高峰。

——（英）狄更斯

坚持对于勇气，正如轮子对于杠杆，那是支点的永恒更新。

——（法）雨果

我们不会消沉或失败，我们要坚持到最后。

——（英）丘吉尔

我有两个忠实的助手，一个是我的耐心，另一个就是我的双手。

——（法）蒙田

要看日出必须守到拂晓。

——（英）司各特

耐心和持久胜过激烈和狂热。

——（法）拉·封丹

立 业 篇

一个人只要看着婴儿学走路，即能明了耐性的真谛。

——（法）艾瑞克·佛洛姆

耐性与不屈不挠的精神可以克服万难。

——（美）爱默生

如果上天收回所有解决问题的途径，唯一留下来的，就只有耐性了。

——（英）约翰·洛克

耐性乃智慧之友。

——（古罗马）奥古斯丁

忍耐是对付所有一切困难的最好药物。

——（古罗马）普拉图斯

你如果想要快乐，就该把忍耐带到你家里去。

——（英）王尔德

如果你已养成耐性，请相信你已干了许多事情。

——（德）歌德

忍耐是苦涩的，但它的果实却是甘甜的。

——（法）卢梭

持续不断、始终不懈地尽自己的本分，所需要的毅力并不亚于完成英雄事业所需要的毅力。

——（法）卢梭

成大事不在于力量的大小，而在于能坚持多久。

——（英）塞·约翰生

一个人如果做事没有恒心，他是任何事也做不成功的。

——（英）牛顿

达到重要目标有两个途径——努力及毅力。努力只有少数人所有，但坚韧不拔的毅力则多数人均可实行。

——（法）拿破仑

所有坚韧不拔的努力迟早都会得到报酬。

——（法）安格尔

斧头虽小，但经多次劈砍，终能将一棵最坚硬的橡树砍倒。

——（英）莎士比亚

做事是否快捷，不在一时奋发，而在能否持久。

——（英）培根

累了就歇在路边的人是不会得到胜利的。

——（美）尼克松

只有毅力才会使我们成功，而毅力的来源又在于毫不动摇，坚决采取为达到成功所需要的手段。

——（俄）车尔尼雪夫斯基

我的最高原则：不论遇到什么困难，都决不屈服。

——（波兰）居里夫人

只有恒心可以使你达到目的，只有博学可以使你明辨世事。

——（德）席勒

做事半途而废，说话有头无尾都是坏事。这世界上的万恶之源乃是半吊子精神。

——（奥地利）茨威格

因为唯有通过持久的努力，去追求一个目标，才能够把一个能干的人物，转变成为创造性的天才。

——（奥地利）茨威格

立 业 篇

惯于实际生活的人能坚持到底,坚持到最后结局。自我反省和空谈理论的人却不想越过他们自己所指定的边界,而永远停在那里,他们在崇高的意向、绝对的真诚和才干的条件下,阻碍事件前进,因为山巅险峻会撞伤他们。

——(俄)屠格涅夫

世上没有任何东西可以替代坚持,天赋不可以,世上最多的莫过于有天赋但没有成功的人士了;天才不可以,世上到处都是饱读诗书却一事无成的可怜虫。

——(美)雷蒙·克罗克

不管别人的嘲弄,只要默默地坚持到底,换来的就是别人的羡慕。

——(日)松下幸之助

凿不休则沟深,斧不止则薪多。

——王充

站在半路,比走到目标更辛苦。

——证严法师

"唯有埋头,乃能出头。"急于出人头地的话,除了自寻苦恼之外,不会真正得到什么,像一粒种子,你要它长大,就必须先要经过在泥土中挣扎的过程。不肯忍受被埋藏的苦闷的话,暴露在空气中一个短时期之后,就会永远的完了。

——罗兰

失败者,往往是热度只有五分钟的人;成功者,往往是坚持最后五分钟的人。

——星云大师

只要耐烦有恒,时间的浪潮会将小人物推向时代的前端;只要脚踏实地，历史的巨手会将"小"因缘聚合成丰功伟业。

——星云大师

战士是不知道畏缩的。他的脚步很坚定。他看定目标，便一直向前走去。他不怕被绊脚石摔倒，没有一种障碍能使他改变心思。

——巴金

恒心是达到目的的最近通道。

——谚语

达到目标奥秘的唯一力量，就是坚持的精神。

——谚语

十九次失败，第二十次获得成功，这就叫坚持。

——谚语

恒心架起通天路，勇气打开智慧门。

——谚语

竹子是一节一节长起来的，功夫是一天一天练出来的。

——谚语

工作

选择职业对于加入劳动大军的青年具有重大的意义，因为从事符合自己兴趣和能力的劳动比从事违反本性的劳动要使人愉快得多。

——（苏联）克鲁普斯卡娅

每一种工作都蕴藏着无穷的乐趣，只是有些人不懂得怎样去发掘它们罢了。

——（法）卢梭

不要再做你不喜欢的工作。如果你喜欢你的工作，你便会喜欢自己，内心平静。如果你有了这些，再加上身体健康，你将获得超过你所能想象的成功。

——（美）强尼·卡森

"快乐"不是因为拥有金钱；它是来自完成工作的乐趣，来自付出努力后的激动。

——（美）罗斯福

工作是大自然的医生，人类幸福的源头。

——（古罗马）加伦

些许的劳动，无比的健康。

——（英）乔治·赫伯特

倘若不工作，健康有何用？生命有何用？

——（英）卡莱尔

工作是治疗人类所有病痛与悲伤的疗药——诚实地工作，出于自愿地工作。

——（英）卡莱尔

劳动的回报即是生命本身。

——（英）威廉·莫里斯

如同任何伟大的浪漫关系一样，伟大的工作只会在岁月的酝酿中越陈越香。所以，在你终有所获之前，不要停下你寻觅的脚步，不要停下。

——（美）史蒂夫·乔布斯

工作将占据你生命中相当大的一部分，从事你认为具有非凡意义的工作，方能给你带来真正的满足感。

——（美）史蒂夫·乔布斯

人们劳动得到的最高报酬不是他的所得，而是工作对他的影响。

——（英）约翰·拉斯金

对一个有适当工作的人而言，快乐来自于工作，有如花朵结果前拥有的彩色花瓣。

——（英）约翰·拉斯金

人们若想从工作中得到快乐，以下是三个必要的条件：工作要合志趣，工作不可过度，工作要让他们有成就感。

——（英）约翰·拉斯金

工作能驱走三大邪恶势力：无聊、犯罪与贫穷。

——（法）伏尔泰

我非常相信命运，而我工作越努力，运气越好。

——（美）杰弗逊

相信我，我喜欢成功。但是，真正使我的心灵与情绪飞扬激动的却

立 业 篇

是工作的过程。

——（美）卡森·凯宁

只有在工作能广为世上接受时，工作才有尊严。

——（法）亚伯特·卡缪

我不喜欢工作，没有人喜欢工作。但我喜欢工作所包含的部分：那份认识自我的机会，只为自己不为别人的时候，和别人不知道的种种事物。

——（英）康拉德

下一回你被某项工作吓住时，不妨昂然地向它走去，完成那不可能的工作。这是办得到的；只要你对自己有无比的信心，你就办得到。

——（美）卡耐基

工作就是人生的价值，人生的欢乐，也是幸福之所在。

——（法）罗丹

一个人如果在某一天内沉静地抱着伟大的目标工作着，这一天就是为纪念他而设的。

——（美）爱默生

由工作产生的疲劳，能使人在休息时感到愉快；而由怠惰产生的疲劳，只能使人在休息时感到烦躁和悔恨。

——（日）石川达三

看重你的工作，精神振奋地投入每一件事，会使你充满活力，并赢得尊敬。

——（法）雨果

从事单调工作的人之所以比无所事事的人幸福，就是因为工作为他们提供了消磨时间的快乐与施展哪怕是最微小抱负的快乐。

——（英）罗素

我应当工作到自己生命的最后一息——倘若我的图画在我眼前毁灭或者烧毁,我也应当心安理得,就像它还存在一样,因为我未曾怠情,我劳动过了。

——(俄)果戈理

工作是一项特权,它带来比维持生活更多的事物。工作是所有生意的基础,所有繁荣的来源,也是天才的塑造者。工作使年轻人奋发有为,比他的父母做得更多,不管他们多么有钱。工作以最卑微的储蓄表示出来,并奠定幸福的基础。工作是增添生命味道的食盐。但人们必须先爱它,工作才能给予最大的恩惠、获致最大的结果。

——(美)洛克菲勒

收入只是你工作的副产品,做好你该做的事,出色完成你该完成的工作,理想的薪金必然会来。

——(美)洛克菲勒

倘若你不是欢乐地而是厌恶地工作,那还不如撒下工作,坐在大殿的门边,去乞求那些欢乐地工作的人的周济。

——(黎巴嫩)纪伯伦

一个人的工作职位不怕低,只要你不放弃你的理想,拿目前的工作做一个踏脚石,一方面维持生活,一方面找时间充实自己,认准一个确定的方向去努力。慢慢地,你总会发现,你的努力没有白费。

——罗兰

闲人无乐趣,忙人无是非。

——证严法师

合作

单独一个人可能灭亡的地方,两个人在一起可能得救。

——(法)巴尔扎克

人们在一起可以做出单独一个人所不能做出的事业;智慧、双手、力量结合在一起,几乎是万能的。

——(美)丹尼尔·韦伯斯特

人多了,各人肩膀上的责任就减轻了。

——(挪威)易卜生

你的钟声只有在齐鸣时才能听见,在单独鸣响时——只会淹没在那些旧钟的一片响声里。

——(苏联)高尔基

团结——在人需要的时候,它能帮助人民克服各种混乱。

——(苏联)高尔基

要像蜂房里的蜜蜂和土窝里的黄蜂那样,聪明人应当团结在一起。

——(苏联)高尔基

唯有具备强烈的合作精神的人,才能生存,创造文明。

——(印度)泰戈尔

期望得到赞许和尊重,它根深蒂固地存在于人的本性中,要是没有这种精神刺激,人类合作就完全不可能。

——(美)爱因斯坦

单个的人是软弱无力的，就像漂流的鲁滨孙一样，只有同别人在一起，他才能完成许多事业。

——（德）叔本华

公司经营最重要的是分层负责。一个人想把所有的事情都揽在手里亲自处理，只能做到一个人的力量范围，无法成就大事。想要做大事，必须懂得分层负责。

——（日）松下幸之助

在得克萨斯州办旅馆时，我就相信，合伙人比自己更重要。直到现在，我的事业越搞越大，职位越升越高，也越来越觉得同事重要。

——（美）康拉德·希尔顿

一群人在一起工作，其效果并不像 1+1=2 那样简单。两人协力的结果，可能 3 倍甚至 5 倍于一个人的力量。相反，如果互相不协力，效果可能是 0。

——（美）康拉德·希尔顿

大成功靠团队，小成功靠个人。

——（美）比尔·盖茨

忘掉 CEO 的职务和威望，我的想法完全可以被你们丢在一边！而且我不会为此感到不愉快。我来此的乐趣就是与你们融合在一起，共同做成一件事！

——（美）杰克·韦尔奇

一个人不能单独做成任何事。卓越的公司领导人都在一定程度上拥有成功的团队，领导人总是寻找一些在技术经验等方面与自己互补的杰出人才一起提升其经营水平。在多数情况下，管理团队中的成员拥有同样的热情、人生观和价值观。

——（美）迈克·戴尔

立 业 篇

要建立或维持一个健康的、有竞争力的企业文化，最简单也是最好的方法就是目标统一、策略一致，与公司员工成为并肩作战的伙伴。

——（美）迈克·戴尔

我们并肩合作，这是成功的秘诀。

——（美）山姆·沃尔顿

一群人聚在一起，形成一个机构，这就是我们所谓的公司。他们能共同完成个人无法完成的事情。

——（美）戴维·帕卡德

除非你是拾蚌人、猎人或老派的以锹探矿者，否则，如今靠单打独斗而成功实际上是不可能的。

——（美）本杰明·费尔莱斯

不管努力的目标是什么，不管干什么，单枪匹马总是没有力量的。合群永远是一切善良思想的人的最高需要。

——（德）歌德

天时不如地利，地利不如人和。

——孟子

能用众力，则无敌于天下；能用众智，则无畏于圣人矣。

——孙权

大鹏之功，非一羽之轻；骐骥之速，非一足之力。

——王符

天下事非一人所能独办，君子欲有所为，必与其类同心共济。

——尹令一

大厦之成，非一木之材；大海之阔，非一流之归。

——冯梦龙

单者易折，众则难摧。

——崔鸿

独柯不成树，独树不成林。

——郭茂倩

独视不若与众视之明，独听不若与众听之聪。

——韩婴

孤举者难起，众行者易趋。

——魏源

不可因人曲承顺，而遂与之合。惟以义相接，则可以与之合。

——薛宣

合作失败的人常拆伙，因为彼此责难。合作成功的人，也常拆伙，因为各自居功。直到拆伙之后，发现势单力薄，再回头合作，那关系才变得比较稳固。

——刘墉

一朵鲜花打扮不出美丽的春天，一个人先进总是单枪匹马，众人先进才能移山填海。

——雷锋

一朵孤芳自赏的花只是美丽，一片互相依恃着而怒放的锦绣才是灿烂。

——席慕蓉

二人同心，其利断金；同心之言，其臭如兰。

——《周易》

激情

我们的激情实际上像火中的凤凰一样,当旧的被焚化时,新的又立刻在它的灰烬中产生。

——(德)歌德

热情有极大的价值,只要我们不因此忘乎所以。

——(德)歌德

历史给我们的最好的东西就是它所激起的热情。

——(德)歌德

对于受困于理性的人来说,激情虽然是一种不合理的感情,却也是一种修养。

——(德)尼采

当我们的心灵还受到一种激情的残余影响时,我们宁可再获得一种新的激情,而不愿痊愈。

——(法)拉罗什福科

智慧的最大成就,也许要归功于激情。

——(法)沃韦纳戈

狂态不过是激情表露过剩,不受规范的激情大部分就是癫狂。

——(英)霍布斯

若无热情,没有任何伟大的事业会被完成。

——(美)爱默生

世界纪录上每一个伟大且睥睨群雄的时刻，就是某种热情极致的表现。

——（美）爱默生

对于激情与情欲有节制，能克制，并能平心静气的谋虑，这不仅是好的，并且似乎是一个人的固有价值的一部分。

——（德）康德

热情本身具有一种真实的魔法，它会以咒语消除平庸和不凡之间的差异，它会在你所有的人际关系中加入温暖和愉快的感觉。

——（美）诺曼·文森·皮尔

热情像一对翅膀似的带着你，使你很快地飞过忧郁的山岭。

——（埃及）哈米西

真正的热情像美丽的花朵般，它开放的地面愈是贫瘠，看来愈格外的耀眼。

——（法）巴尔扎克

热情是普遍的人性。没有了热情，便没有宗教、历史、罗曼史和艺术。

——（法）巴尔扎克

没有热情就不会有伟大的演员、伟大的统帅、伟大的部长、伟大的诗人和伟大的哲学家。

——（法）爱尔维修

世界史上的事业，凡缺乏莫大的热情的，从不曾成功过。

——（德）黑格尔

缺乏热情和意志力量，智慧的创造力是毫无结果的。

——（苏联）安德罗诺夫

立 业 篇

热情有时会导向偏见,而不是导向理性。

——(德)埃勒特

无知识的热心,犹如在黑暗中远征。

——(英)牛顿

激情,这是鼓满船帆的风,风有时会把船帆吹断,但没有风,帆船就不能航行。

——(印度)泰戈尔

人应当具有激情,但是也应当具有驾驭激情的本领。

——(丹麦)玻尔

热情与生活的关系,正如饥饿与食物的关系。

——(英)罗素

寻求忘却的热情不是真正的热情。除非热情被不幸摧毁,否则它应该是人类天性。

——(英)罗素

才智

才智如果浸透毒汁,就会失去其魅力。

——(英)谢灵顿

知道事物应该是什么样,说明你是聪明的人;知道事物实际上是什么样,说明你是有经验的人;知道怎样使事物变得更好,说明你是有才能的人。

——(法)狄德罗

炫耀于外表的才干徒然令人赞羡,而深藏未露的才干则能带来幸运。这需要一种难以言传的自制力。

——(英)培根

才能是来自独创性。独创性是思维、观察、理解和判断的一种独特的方式。

——(法)莫泊桑

各人有各人的才能,可是有些人眼红别人的名望,总想在他所做不了的工作上一显身手。依我说呢,为人要明白事理:如果你盼望有所成功,就得根据自己的才能,可不要好高骛远。

——(俄)克雷洛夫

才能一旦让懒惰支配,它就一无可为。

——(俄)克雷洛夫

才智,就像赴汤蹈火的勇气一样,这是唯一不可能被虚伪完全取代

立 业 篇

的一种东西。

——（法）司汤达

最漂亮的聘礼就是才干。

——（法）巴尔扎克

才气就是长期的坚持不懈。

——（法）布封

才智比美貌更不可缺。我认为有才的年轻女子没有一个丑的，无才的窈窕女子没有一个是美的。

——（英）威切利

随机应变是才智的试金石。

——（法）莫里哀

一个本领超群的人，必须在一群劲敌之前，方才能够显出他的不同凡俗的身手。

——（英）莎士比亚

一个人应该善于使用自己的才能，使它不至于枯竭，并且还要和谐地发展。

——（苏联）高尔基

才能就是对自己的信赖，即对自己能耐的信赖。

——（苏联）高尔基

一个人不可能精通所有的事，每个人都有他的特长。

——（古希腊）欧里庇得斯

事事皆能的人绝无仅有，一事不会的人也纯属罕见。

——（英）切斯特菲尔德

每个人都是靠自己的本事而受人尊重的。

——（古希腊）伊索

才能本身并无光泽，只有在运用中才发出光彩。

——（俄）谢德林

我绝不相信，任何先天的或后天的才能，可以无须坚定的长期苦干的品质而得到成功。

——（英）狄更斯

评价一个人不应当根据他的才能，而应当根据他怎样发挥才能。

——（法）拉罗什福科

能够隐藏自己的才能是一种很大的才能。

——（法）罗休夫柯

所有隐而不露的才能，在一般情况下不易显露出来，仅在千钧一发之际，始能被人发现。

——（奥地利）茨威格

青年期是增长才智的时期，老年期则是运用才智的时期。

——（法）卢梭

一切才能都要靠知识来营养，这样才会有施展才能的力量。

——（德）歌德

才智之士一刻也不放松对世界的了解，并竭尽全力给自己开辟出一条通向大千世界的航道。另一些人则只知虚度时光，还有一些人甚至怀疑自己的存在。

——（德）歌德

伟大的才华是表白善意的最好手段。

——（德）歌德

立 业 篇

才智是人的精神武器。

——（俄）别林斯基

才能就像肌肉一样，是通过锻炼成长起来的。

——（苏联）奥勃鲁切夫

应当深化而不是扩大自己的才智，就像取火镜的焦点一样，要把全部光和热都集中在一点上。

——（法）爱尔维修

高度的才智基于高度的受容性、强大的意志力和强烈的感情之上。

——（德）叔本华

海以合流为大，君子以博识为弘。

——陈寿

白玉度尺，虽有十仞之土，不能掩其光；良珠度寸，虽有百仞之水，不能掩其辉。

——韩婴

不患位之不尊，而患德之不崇；不耻禄之不伙，而耻智之不博。

——范晔

察其所好恶，则其长短可知；观其交游，则其贤不肖可察。

——管仲

才者德之资，德者才之帅。

——司马光

聪明用于正路，愈聪明愈好；聪明用于邪路，愈聪明愈谬。

——金缨

大事不糊涂之谓才。

——魏源

人各有能有不能，有明有不明。若能为能，不能为不能；明为明，不明为不明，乃所谓明也。

——陆九渊

一个人实实在在的才能，唯有自己可以知道，他的前途也只有自己可以隐约测定。自己知道了，试验了，有功效了，有希望了，——接着只有三个字：向前走！不自安于现在的人，必要向前走！

——冰心

才华是刀刃，辛苦是磨刀石，很锋利的刀刃，若日久不用磨，也会生锈，成为废物。

——老舍

无所不能的人实在是一无所能，无所不专的专家实在是一无所专。

——邹韬奋

才大者，望自大；人所服，非言大。

——李毓秀

大志非才不就，大才非学不成。

——郑心材

地薄者大物不产，水浅者大鱼不游；树秃者大禽不栖，林疏者大兽不居。

——黄石公

非识无以断其义，非才无以善其文，非学无以练其事。

——章学诚

古人大业成，皆自忧患始。

——刘岩

富贵藏在才能里，不在财产中。

——谚语

行动

行动不一定能得到幸福；然而，不去行动，绝不可能获得幸福。

——（英）班哲明·狄斯雷利

在我们航向天堂的路途中，尽管时而顺风，时而逆风——我们仍得不断地航行，绝不能随波逐流，或是下锚弃航。

——（美）奥利佛·温德尔·霍姆兹

行动吧！奋起吧！稳健行事，不要徒然糟蹋你的时光……不论你身处何地，拿出一番作为来行动吧！

——（美）罗斯福

做一个实行者比做批评者要好；而那些凡事努力尽心的人也远胜过那些冷漠疏离的人。

——（美）罗斯福

尽力尝试后仍然失败者，远比那些从不尝试者要优秀多了。

——（英）巴德·威尔金森

生命最宏大的目的并非知识，而是行动。

——（英）赫胥黎

拿出你的智慧来，现在就开始！徒然浪费生命的人，就有如那些希望在过河之前，河水就会流干的人一样愚蠢。

——（古罗马）霍勒斯

毫无疑问，我们真正的事业不是去看远方模糊的事，而是去做近在眼前的事。

——（英）卡莱尔

人类的生命目的是行动，而非思想，尽管思想是最崇高的。

——（英）卡莱尔

无论任何一种疑虑，都能够被行动所粉碎。

——（英）卡莱尔

强烈的行动，引发于强烈的动机。

——（英）莎士比亚

我不认为不管人们如何努力，都会得到同样的命运；但我确信，除非他们付诸行动，否则就会沦落同样的命运。

——（英）柴斯特顿

即使你循着正确的轨道而行，可是却呆坐在那里，一样会被追赶过去。

——（美）威尔·罗杰斯

保持你的活力、你的理想、你的蓄势待发，一切尽你所能；在障碍出现前，不要因停下脚步而浪费你的时间。

——（美）理查德·伊文斯

行动是知识成熟后的果实。

——（英）托·富勒

世界上大部分值得做的事情在被完成前，都曾被宣称不可能。

——（美）路易斯·布兰迪斯

先想好自己想成为什么，然后努力去做。不妨脱掉你的外套，好好地大干一场。

——（英）查尔斯·里德

立 业 篇

内容充实的生命，就是久长的生命。我们要以行动，而不是以时间来衡量生命。

——（古罗马）塞涅卡

在人生的任何场合都要站在第一线战士的行列里。

——（苏联）奥斯特洛夫斯基

现实是此岸，理想是彼岸，中间隔着湍急的河流，行动则是架在河上的桥梁。

——（俄）克雷洛夫

什么可以缩短时间？活动频繁！什么使时间长得难堪？游手好闲！什么会造成负债？等待和忍耐！什么会获得成就？不考虑太久！

——（德）歌德

三流的点子加一流的执行力，永远比一流的点子加三流的执行力更好。

——（日）孙正义

不要找毛病，去找解决问题的办法。

——（美）亨利·福特

如果我们只是执行上司认为对的事情，这个世界就永无进步。

——（日）盛田昭夫

善于计谋的人，在这世界上不乏失败的实例。如能遵照心弦至善的激励，日日诚实行动，当是连世界性的成功都不难达到的最确实方法，这单纯的真理，应常常铭刻在我们心灵的深处。

——（英）丘吉尔